从地中海到中国 平山郁夫藏丝路文物

平山郁夫シルクロード美術館の文物

吴炎亮 [日]平山美知子 主编

辽宁省博物馆 编

辽宁美术出版社

编委会

主编

吴炎亮　平山美知子

编委

吴炎亮　平山美知子
平山廉　平山东子
前田耕作　宫廻正明
井上隆史　前田龙彦
陈建中　于濯
刘宁　戴洪文
张桂莲　钱卫
李天凯

编辑

大塚裕一　中泽纱织
韩雪　徐戎戎
刘韫　王鑫
陈岳娇　姚岚

图文编校

平山东子　韩雪

作品摄影

平山郁夫丝绸之路美术馆提供

目录

致辞　吴炎亮　006

前言　009

平山郁夫丝绸之路美术馆介绍　010

从地中海到敦煌　前田耕作　012

第一单元　海中奇迹　丝路上的地中海　025

第二单元　两河荣光　丝路上的伊朗、阿富汗　071

第三单元　佛陀之光　丝路上的印度　141

第四单元　梦回敦煌　277

平山郁夫年谱　286

平山郁夫与丝绸之路　井上隆史　290

平山郁夫的丝绸之路考察与艺术创作　平山东子　292

平山郁夫的敦煌莫高窟之情　井上隆史　297

阿富汗流失文物的保护之路　井上隆史　300

图版索引　305

致辞

辽宁省博物馆馆长 吴炎亮

平山郁夫先生是日本当代成就最高的艺术家之一,也是中国人民的老朋友。也许是与我从事文物保护这一职业有关,我知道和了解他是从日中友好协会开始,从其协助中国保护敦煌文物开始。

敦煌莫高窟,佛教艺术的圣地,不仅是佛教东传的必经之路,也是丝绸之路上东西方文化的交会之地。平山郁夫先生喜欢佛教艺术,创作了《佛教传来》《大唐西域壁画》等享誉画坛的佛教题材画作。自1979年首次来到敦煌,他便与敦煌结下不解之缘。他一生沿丝绸之路考察敦煌文化,持续为敦煌培育人才、筹集资金,对弘扬敦煌文化起到了重要作用。2002年,为了表彰他对中日文化交流做出的杰出贡献,中国政府向平山先生颁发了"文化交流贡献奖"。

作为广岛核爆的幸存者,平山郁夫先生少年时期曾遭受过战争的创伤,但最终他成为联合国教科文组织的亲善大使,成为一位坚定的和平主义者。在探访丝绸之路的过程中,平山郁夫先生在战乱冲突地区保护文物方面投入了巨大的精力和资金,并为保护多个国家和地区的文化遗产慷慨解囊,赢得了国际社会的高度评价和广泛赞誉。

对于"丝绸之路"文化,平山郁夫先生情有独钟。从地中海到西亚、东亚,从古代到中世纪再到近现代,与丝绸之路相关的以犍陀罗佛像、货币为代表,包括雕刻、绘画、金属加工品、玻璃器具、染织品、饰品、书籍等在内上万件丝路文物的收藏,见证了平山郁夫先生的丝路之旅。这也是一位智者对如何保护战争冲突地区历史文物和丝绸之路重要遗存,如何感悟东西方文化交流的思考和认识。

"'一带一路'延伸之处,是人文交流聚集活跃之地"。古代辽宁地区的东西方文化交流,早在十六国时期就很活跃。北燕冯素弗墓随葬有由东罗马经柔然输入的多件玻璃制品，朝阳地区的唐代墓葬出土了罗马金币，佛教从北路东传也是由西域、河西走廊到达辽宁地区。西行求法运动中，昙无竭于北燕冯跋太平十二年（420年）从龙城（今辽宁朝阳）出发，到印度取回梵文佛经一部，成为古代中印文化交流的重要使者。

平山郁夫及夫人平山美知子上百次的丝路之行，传播、保护"一带一路"沿线国家和地区的历史文化，他们是新时代的丝路精神的践行者。辽宁作为历史上贯穿欧亚大陆到东北亚地区的草原丝绸之路的枢纽，在东西方文化交流过程中扮演过重要角色。今天，我们精选了平山郁夫丝绸之路美术馆的珍贵藏品汇集成册，以期展示上起公元前2000年，下至公元8世纪，涵盖地中海中部地区、两河流域和印度等陆上丝绸之路沿线主要古代文明的成果，领略不同文化及文明的博大精深。

我们希望，借本书出版面世，进一步促进中日文化交流，促进东西方文化的交融与发展，促进人类的和平与进步。

前言

丝绸之路始于张骞通西域，直至明代中期。丝绸之路加深了与欧洲大陆的交流，将古中国与西方世界紧密联系在一起，在构建中西交通、促进经济发展和沟通中外文化交流等方面起到了重要作用。平山郁夫先生是日本当代成就最高的艺术家之一，他的佛教题材画作，在日本画坛独树一帜。他以唐代玄奘法师为精神领袖，追随玄奘的足迹踏上了丝绸之路。他曾到访过中国、苏联、阿富汗、巴基斯坦、印度、伊朗、叙利亚、土耳其、伊拉克等地，遍访丝路沿线国家和地区，收集丝路沿线多个国家的文物，并致力于战争冲突地区的文物保护，行程累计80万公里。在中日民间，平山郁夫被誉为"当代唐玄奘"，为中日文化交流做出了巨大贡献。他热心于协助保护敦煌文物，曾经担任日中友好协会第四任会长，被授予"中日友好使者"称号，荣获"文化交流贡献奖"等奖项。

本次展览展出平山先生收集的文物和他创作的丝路题材画作，共192件（套）。文物展品年代上起公元前2000年，下至公元8世纪，涵盖了陆上丝绸之路从地中海中部地区、两河流域到印度的主要古代文明成果。通过此次展览，我们一起走进平山郁夫的丝路世界，感受平山郁夫先生的中国情怀，领略丝绸之路沿线各国的文化魅力，于时空穿越中见证丝路精神的悠远传承。

平山郁夫丝绸之路美术馆介绍

平山郁夫丝绸之路美术馆（公益财团法人）成立于2003年，目的是加深日本民众对日本文化源头——丝绸之路的美术、文化的理解，推动丝绸之路文化的发展。2004年7月，美术馆展出了丝绸之路的文化遗产与平山郁夫的绘画作品，为此后的各类大型展览活动拉开了序幕。

美术馆所藏的丝绸之路主题藏品，全部由日本画家平山郁夫和妻子平山美知子（现任馆长）收集、捐赠。藏品以犍陀罗佛像、货币为代表，几乎涵盖丝绸之路周边所有地区，从地中海到西亚、东亚，从

图1-1
美术馆外景

古代到中世纪再到近代，包括雕刻、绘画、金属加工品、玻璃器具、染织品、饰品、书籍等在内，共计1万多件。藏品涵盖了与丝绸之路相关的几乎所有领域、地区和时代。

1970年年初的一场旅行，开启了平山夫妇的收藏人生。这次旅行二人的足迹遍布中东、阿富汗、印度、中国西域等丝绸之路沿线各地。他俩积极地在各地进行采访活动。如今，平山夫妇已经成为全球屈指可数的丝绸之路收藏家。但最初的收藏目的，只是单纯地为了提高绘画水平，希望能多接触到优秀的美术品。进入20世纪80年代以后，平山郁夫以"丝绸之路画家"而闻名全球，与此同时，夫妇二人

图1-2

图1-3

图1-4

能接触到的古代美术品和考古资料越来越多，因此于1988年在镰仓设立了丝绸之路研究所，以方便海内外的的丝绸之路学者和美术行业人士进行资料的汇集和租借，提供学术支持和协助。之后，平山先生得知世界各地的战乱地区有许多文物被盗或遭到掠夺而流失，为防止这些文物四下流散，便以个人的资金购入古代美术品。伴随着丝绸之路研究所的发展，最终所有藏品于2004年捐赠给了位于八岳群山南麓的平山郁夫丝绸之路美术馆。（美术馆于2010年被认定为公益财团法人）

现在，平山郁夫丝绸之路美术馆正积极开展各类展览、讲座，并提供手工体验等，不断增进日本民众对丝绸之路文化的理解，大力支持相关研究，在继承平山郁夫先生遗志的同时，不遗余力地普及、振兴文物保护工作。

图1-2
第2展室

图1-3
平山郁夫大丝绸之路系列
（第6展室）

图1-4
平山郁夫丝绸之路美术馆
内景

从地中海到敦煌

东京艺术大学客座教授　前田耕作

没有一个国家的文化是独立形成的，文化是与其他精神世界交融并互相认知的产物。在这个意义上，串联异域文化的丝绸之路可以说是衍生新文化的母体。敦煌的文化艺术萌芽于高僧乐僔云游至三危山后开凿的第一个石窟，后来逐渐发展为涉及哲学、宗教、艺术、经济以及科学等领域的多元文化。画家平山郁夫一直以来以保护人类的文化遗产、实现世界和平为己任，他的作品及多年来的珍藏此次汇聚一堂。借这个机会，让我们一同回顾连接地中海和日本海的文化传播的宏伟历程，打开敦煌文化宝库的大门。

敲开西方世界大门的第一人

西汉张骞的"凿空"（开通大道）之旅始于公元前139年，他出使的大月氏当时位于妫水（阿姆河）以北，国势飘摇。张骞的到来使当时的中亚各个部落国家认识到了汉帝国正在向西方扩张势力。汉武帝的版图构想无疑是宏伟的，但西征时却频频受到匈奴的阻挠，加上李陵的背叛，让汉武帝壮志难酬。汉武帝殁后，昭君出塞下嫁匈奴单

图1-5

图1-5
巴米扬山谷1970年代

于，为缓和汉匈关系做出了积极贡献，也为后世津津乐道。《史记》还记载了宦官中行说在匈奴屡进谗言导致汉匈交恶的种种行径，这些都直接反映了当时最真实的汉匈关系。

汉帝国再次对西域有兴趣是在东汉明帝至和帝时代（公元58—105年）。据传，汉明帝（公元28—75年）夜梦金人后对西方国家的神

（佛陀）产生了兴趣，佛教由此传入中原。这一逸事表达的是，纷争导致的停滞和闭塞已经过去，西域迎来了贸易扩大和文化交融的新时代。西域到中亚、中亚到伊朗、伊朗到东罗马、东罗马到爱琴海和地中海、中原到雅典、罗马的海陆交通已经打开，其影响南至尼罗河，西沿北非一直到今天的利比亚、阿尔及利亚北部一带。

东汉时对经营西域做出重大贡献的当属班超（公元32—102年）。班超是《汉书》撰写人班固的弟弟，是战国时楚国名将的后裔。班超在平疏勒、破北匈奴、降大月氏后担任西域都护府都护。为稳固汉朝统治、掌握西域以西的详细情况，他在汉和帝永元九年（公元97年）派甘英前往大秦国（罗马帝国）。这时刚好是罗马皇帝涅尔瓦执政期。位于今叙利亚的巴尔米拉王国于公元105年出现，罗马的图拉真皇帝率领罗马军团逼近底格里斯河沿岸是在公元113年。恰好在西亚局势大乱的前夕，甘英一路走过安息帝国，来到了条支国，并计划由此渡海去罗马。条支国是今天的叙利亚，首都是位于奥伦梯河河岸的安条克，奥伦梯河和地中海交汇处的港口城市就是塞琉西亚。甘英可以说是第一个站在塞琉西亚港西眺地中海的中国人。

甘英在当地的经历已经无从查考。罗马图拉真皇帝这时已经在其父任叙利亚总督时负责军团指挥，他充分认识到塞琉西亚与安条克的重要性，倾注精力把此地建设成了军事基地，为应付将来对帕提亚的战争做足了准备。

甘英把罗马帝国和条支国、安息帝国对峙于美索不达米亚的情报传递给了班超，并汇报了汉朝和天山以西各国的贸易可行性及各国动态。然而班超在永元十四年（公元102年），罗马图拉真皇帝的军队抵达底格里斯河之前，在多瑙河与达契亚军混战时，于雒阳去世。

罗马帝国的战鼓声

据说甘英出使罗马帝国是因为罗马皇帝维斯帕先向里海西岸派兵（公元75年）。为了压制与安息国有密切关系的亚美尼亚，强化与伊比利亚以及阿尔巴尼亚王国的同盟关系，维斯帕先向高加索派军，强

图1-6

图1-7

图1-6
前田耕作1970年代考察巴米扬

图1-7
巴米扬东大佛天井壁画密特拉神

化军事同盟的目的就在于保护和扩大黑海沿岸的贸易。之后在多米提安努斯皇帝（公元81—96年）执政期间，第12雷电军团进驻里海西岸的格雷斯坦（今天的阿塞拜疆巴库南部）。当地出土的刻有拉丁文的石碑上有这样的记述：进驻此地的是多米提安努斯皇帝旗下第12军团，留字人为百夫长卢修斯·朱丽叶斯·马克西姆斯。第12雷电军团的进驻期大约在公元84—96年，稍晚抵达当地的甘英或许会通过某种渠道获知该军团的相关信息。碑文中显示罗马皇帝名为格马尼库斯，鉴于该帝号是公元83年年底作为战胜纪念授予，因此推测12军团的驻扎应在公元84年以后。历史学家卡西乌斯·狄奥笔下的"皇帝的肖像和金银雕像"是否在当地出现过目前并不清楚，但雅典娜女神像却在中亚各国多次被发现，因此不能否定罗马军团驻扎带来的影响。

一直以来，该石碑被视为拉丁铭文传到东方的最早证明，但乌兹别克斯坦的考古学家、古钱币学家爱德华·路特贝拉哲对乌兹别克斯坦阿姆河畔的卡拉卡迈勒洞穴考察后提出了不同意见。卡拉卡迈勒洞穴分为四个洞窟，洞壁上发现了公元初期的巴克特里亚语和拉丁语。解读后发现文字中有罗马第15阿波罗军团的雷克斯·盖乌斯的名字，名字下面还刻有IM的字样。IM是Invicto Mithrae的缩写，意思是"无敌的密特拉"。路特贝拉哲指出，第15阿波罗军团被安息军队打败后作为战俘遭到扣留，之后把此洞穴弄成了他们寄托信仰的场所。如果假设成立，该洞穴应该就是中亚最早的密特拉信仰发现地。美中不足的是，卡拉卡迈勒洞穴虽然留有相关的文字印记，但却看不到多瑙河北至意大利中部的洞穴神殿中普遍出现的密仪场面。密特拉和起源于伊朗高原的至高之神阿胡拉·马兹达一样，原是波斯古宗教的核心神祇，他在罗马帝国的男性中发展成为密仪宗教后又从地中海回到了东方，但到了中亚后具体有哪些密仪的体现，或出现了何种进阶变化却无从得知。但是作为主宰宇宙的神，密特拉在日月星辰下宰杀神圣的牛以及创造万物的形象，在各地以不同的姿态得到传承。

波斯·阿契美尼德王朝的密特拉

在罗马帝国上层，密特拉是保障皇权稳固的权威象征，而在民间，密特拉则通过秘密仪式（订立契约）在军人、工匠、商人中迅速壮大，并随着罗马帝国版图的扩张而席卷了周边国家。新兴的基督教发展成今天的世界宗教，面临的第一个考验就是战胜当时传统的密特拉教。

比利时考古学家弗朗茨·库蒙称密特拉教是"太古原始宗教琐罗亚斯德教（拜火教）的一个分支"，那么真实情况又是如何呢？

密特拉原是伊朗古宗教万神殿里的主神之一，与至高之神阿胡拉·马兹达、女神安娜·希特齐名。波斯帝国的大流士一世据传因为太阳神密特拉让他的坐骑（密特拉的圣兽）第一个向日出的东方发出嘶鸣才得以继承王位。古希腊历史学家希罗多德在《历史》中记载：太阳神密特拉用法器制造了闪电和雷鸣，许可了大流士的登基。此外，还有记载称，薛西斯一世率领的军队中走在最前列的就是供奉军神密特拉的神车。由此可知，太阳神密特拉作为波斯帝国的王权守护者反复出现，并对之后的东西方国家造成了莫大的影响。阿尔塔薛西斯二世立于苏萨和哈马丹（古称埃克巴坦那）的碑文中刻着女神安娜·希特和密特拉是王朝的守护神。之后的阿尔塔薛西斯三世立于波斯波利斯的碑文中也可以看到有关密特拉的记述。由此可以了解密特拉在阿尔塔薛西斯二世、三世在位期已经奠定了其在国家祭祀中的重要地位。后来的安息帝国和科马基尼王国的历代国王也多以密特拉达梯为名，不难看出密特拉的深远影响。此外，尼姆鲁德的古迹中也可以找到站立着的密特拉赐予科马基尼国王安条克一世象征王权的光轮的雕像。此时的密特拉充满东方色彩，瑞典的伊朗语学者斯蒂格·为坎德尔在《密特拉的密仪研究》（1950年）中表示，这个密特拉和西方的密仪主神、杀牛人密特拉是完全不同的。真相我们不得而知，不过可以肯定的是，卡拉卡迈勒洞穴留下的拉丁文记述可以证实罗马军团带来了密特拉这一事实，也是密特拉教曾经席卷过罗马帝国的有力证明。

巴克特里亚的密特拉

古代的巴克特里亚是指阿姆河（古称奥克苏斯河）从帕米尔高原流向里海的中游南北区域，相当于现在的阿富汗北部、乌兹别克斯坦南部、塔吉克斯坦西部区域。生于小亚细亚（安纳托利亚半岛）的本都王国首都阿马西亚，在罗马帝国初期撰写《地理学》的斯特拉波称："巴克特里亚地区土地广阔，可种植除橄榄以外的所有作物。巴克特里亚是雅利安之花。"雅利安是今天的阿富汗中部全域的古称，也包括了佛教圣地喀布尔河的部分流域。该地的首都就是薄知（巴尔赫），亚历山大大帝的军队渡河进攻北方的粟特时曾在薄知安营扎寨。薄知是波斯的重要领地之一，自古信奉拜火教。之后在塞琉古王朝的统治下，希腊语得到普及，希腊文化也逐渐渗透。国王塞琉古一世和其子安条克一世时期，部将迪莫达玛斯出任薄知和粟特总督，在锡尔河流域击败了北方游牧民族斯基泰人，稳定了当地局势并重建了

图1-8
巴米扬E窟的弥勒像

被游牧民族摧毁的绝域亚历山大（最遥远的亚历山大），包括建设供奉阿波罗的几个神殿。迪莫达玛斯是米利都人，所以神殿必定是以米利都的守护神阿波罗的神殿作为参考。安条克一世铸造银币时把自己的肖像刻在了正面，而背面则刻有坐在脐石（意为世界的中心）上的阿波罗神。塞琉古二世的银币背面，阿波罗神被塑造成了左手肘靠在三脚祭坛上，右手拿着弓箭站立的形象。不管是坐像还是立像，阿波罗都是手拿弓和箭，并不是头光环绕的太阳神的形象，有头光环绕的太阳神是赫利俄斯和密特拉。他们都是不死不灭的神祇。

公元前250年，狄奥多特兄弟叛离塞琉古帝国自立为王，建立了希腊-巴克特里亚王国，并深入印度河流域开始了和印度文明的沟通。狄奥多特兄弟也把宙斯、雅典娜、波塞冬、阿波罗、狄俄斯库里、赫拉等诸神刻在了钱币上，给希腊诸神赋予了新的生命。喀布尔河下流的犍陀罗佛教文明就是在这样的背景下得到孕育和发展。

北魏佛教

北魏拓跋氏定都大同后的文化里程碑即为云冈石窟的开凿。刻在绝壁砂岩上的佛像可以说是5世纪雕刻技术的杰出代表。其中的第7窟和第8窟具有浓郁的异域色彩，与昙曜五窟的风格截然不同。蔓草纹和柱头部分的叶形装饰显而易见是来自地中海，融合安息国文化后传到中原，最后在云冈石窟留下了痕迹。而第10窟的门神像更是充分体现了北魏佛教与西方要素的完美融合。头上对翅代表了信使之神赫耳墨斯（罗马神墨丘利），右手的三叉戟则代表了水神波塞冬（罗马神尼普顿），权杖则代表酒神狄奥尼索斯（罗马神巴克斯）。同样的刻画在龙门石窟的宾阳南洞也能看到。初唐时期的敦煌莫高窟第338窟的毗沙门天头上的对翅也可以追溯到此。这些都可以说是广义的希腊文化遗产，当然也不能排除伊朗、印度文化的要素。

尤其需要关注的是弥勒菩萨的登场。云冈石窟的第17窟刻有交脚菩萨，造像原文中称其为弥勒菩萨像。高僧道安在传中记载"安每与弟子法遇等。于弥勒前。立誓愿生兜率"（安每和弟子法遇等在弥勒像前立誓，愿往生弥勒净土所处的兜率天），可以看出西方弥勒净土信仰是由道安推行的。道安后来遇到一位异僧，询问来生处所，异僧用手虚拨天之西北，即见云开，备睹兜率妙胜之报。这也是道安笃信弥勒净土的一段佳话。十六国时期，前秦君主苻坚推崇和礼遇道安，特意遣使送来了外国的金箔倚像、金坐像、结珠弥勒像、金箔绣像、织成像各一尊。这时的弥勒像是否交脚已经无从得知，但鉴于交脚佛像已经在犍陀罗地区广泛存在，因此道安获赠的弥勒像不排除交脚的可能。巴基斯坦贾尔瑟达出土的弥勒菩萨礼拜图就是其中一例。该礼拜图也允许贵霜人供奉，这一点也是值得注意的。

北魏迁都洛阳（公元493年）后开凿的龙门石窟当中，据最早的古阳洞造像铭文记载，雕刻的释迦牟尼佛为20尊、弥勒菩萨（交脚菩萨）为25尊。塚本善隆在《北魏佛教史的研究》中表示，"几乎所有的佛像都是释迦牟尼佛和弥勒菩萨""佛教出现在了北魏洞窟中"。月氏人竺法护在敦煌出家后通过佛经的翻译对弥勒信仰的传播做出了贡献。据传，竺法护精通西域36国语言，比道安的活动期要更早一个世纪。他翻译的《菩萨说梦经》最后写道："听此经者，未来弥勒成佛时，将一同成佛。"立誓往生于弥勒净土或者弥勒成佛后的世界见佛闻法的信仰可以说是北魏佛教的一大特点。"北魏佛众的信仰对象主要是释迦牟尼佛和作为其后继者将于未来诞生的弥勒佛,而弥勒佛出现的时机是转轮圣王即理想君主统治下,国泰民安之时。"那么,护法明君是如何从西到东,弥勒像又是如何从条支、波斯传到中原的呢?

精通西域典籍的竺法护翻译了有关弥勒的经典,这是毋庸置疑的。小野玄妙的《弥勒三部经解题》中称经书应为《弥勒下生经》,宇井伯寿的《竺法护翻译历》则认为是《弥勒本愿经》。而松本文三郎的《弥勒净土论》《弥勒经典志》则列举了《弥勒菩萨所问本愿经》《弥勒成佛经》《弥勒菩萨为女身经》《佛说弥勒下生经》四本经书。松本文三郎指出,前两部经书应为大安二年(公元303年)译成,后两部没有直接参与翻译,仅为附名。竺法护于永嘉四年(公元310年)圆寂,这正好是天竺高僧无著的诞生年。据唐朝李怀让修葺莫高窟并开凿第332窟时立下的《李君莫高窟修佛龛碑》记载,沙门乐僔禅师云游到三危山开凿第一个窟是在前秦建元二年(公元366年),比竺法护翻译弥勒经典整整晚了半个世纪。

最早出现于莫高窟有北凉三窟之称的敦煌第268窟、第272窟、第275窟的壁画虽然也和西域密切相关,但和此时西域辉煌的壁画艺术相比却显得十分简陋,个中差距也许只能在现场才能品味一二。

贵霜王朝的弥勒信仰

月氏和贵霜王朝的关系至今没有完美的答案,唯一能肯定的是来自东北的游牧民族作为巴克特里亚的新的统治者建立了贵霜王朝。关于贵霜王朝初期的描述可以在阿富汗境内发现的罗巴塔克铭文中找到。铭文主要记载了迦腻色伽一世的事迹,就像罗马时代的皇帝业绩录。铭文中还可以找到第一位国王丘就却以及后来的阎高珍、威玛·伽德菲塞斯、迦腻色伽等历代国王以及娜娜、乌玛、阿胡拉·马兹达、那罗莎、密浮罗等诸神的名字。尤其是最后的密浮罗是密特拉的古称,他的名字和月神珥一起被刻在了迦腻色伽一世的舍利容器里。刻有迦腻色伽一世头像的金币、铜币图案多样,其中有的是刻有娜娜女神和密浮罗神立像的。迦腻色伽一世还发行过正面刻着自己身披希腊-巴克特里亚诸王穿戴过的马其顿款式披风、左手持三叉戟、右手擎拜火坛,背面刻着释迦牟尼佛立像或弥勒坐像的钱币。这里的弥勒坐像是束发,右手着施无畏印,左手斜下握着水瓶的形象,铭文用希腊语称其为弥勒佛。迦腻色伽钱币背面还有的是有头光环绕的站立的密浮罗神,铭文将他记为太阳神。可以看出随着贵霜王朝的壮大,逐渐被希腊人接受的有部佛教和在犍陀罗发展壮大的佛教产生了融合。

迦腻色伽时期的弥勒是如何继承了密特拉神的光环?"头光环绕"(《弥勒来时经》)的弥勒与密特拉神是什么样的关系?巴米扬石窟为什么会存在太阳神密特拉和释迦牟尼佛像并立,而弥勒像则多次出现的情况?古代雅利安地区的文化给我们留下了无数谜题。鉴于雅利安具有广域、包容的意思,真相就更显扑朔迷离了。

东晋《法显传》记载,法显从长安出发,渡沙河(敦煌和于阗的沙漠),逾葱岭(喀喇昆仑山),历经艰辛而至陀历国,见到了高八丈的木造弥勒菩萨坐像。后来的玄奘法师也见到这座佛像,称其"金光闪闪",由此可以得知是座金箔像。玄奘还说这个弥勒像象征着佛法的东传,这也许是玄奘在西游过程中体会到了佛教过了波斯后停止向西渗透,而转向东方大地发出的感慨。法显到达此地是在公元399

图1-9
塞琉西亚遗迹中青铜赫拉克勒斯立像铭文(左腿希腊语,右腿帕提亚语)

图1-9

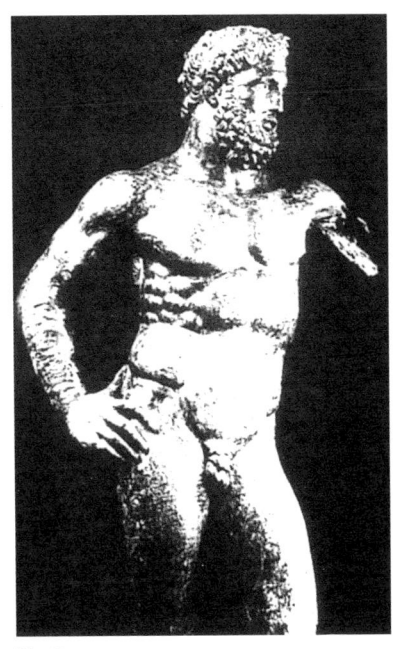
图1-10

图1-11

年至400年之间,鸠摩罗什的《弥勒成佛经》《弥勒下生经》的翻译在公元401年完成。当时,经书的梵文版本早已传入西域,竺法护的译本也已经面世,所以法显恐怕是怀着特殊的感情瞻仰了弥勒菩萨。关于陀历国的弥勒坐像目前只知道它是镀金的(玄奘)和趺坐脚长八尺(法显),形象也许接近迦腻色伽钱币上留下的弥勒坐像,又或许是犍陀罗的交脚的弥勒菩萨,真实面貌已无从得知。

图1-10
阿富汗阿伊哈努姆的赫拉克勒斯

图1-11
塞琉西亚遗迹中青铜赫拉克勒斯立像

东奔西走的大力神赫拉克勒斯

从西方渡过地中海向东到达印度后被神化的英雄有两位,一位是狄俄尼索斯,一位是赫拉克勒斯。亚历山大大帝的东征路线恰好和这两位英雄的足迹重叠。狄俄尼索斯崇拜以秘密宗教仪式的形态流传开来,秘密仪式中用到的图尔索斯杖和西勒努斯的笛子出现在了中亚甚至更遥远的东方壁画和雕刻中。然而狄俄尼索斯实际出现的次数极其有限,相反,大力神赫拉克勒斯却频频露面。坎坷不断的经历和半神之体使他更加受到欢

图1-12

图1-13

图1-12
阿富汗哈达地区的佛像

图1-13
哈达地区手持金刚杵的赫拉克勒斯

迎,也被升级成各种版本。尤其在亚洲,他作为护法神受到推崇。从希腊-巴克特里亚王国到贵霜王国的多名君主都把赫拉克勒斯视为守护神,郑重地铸造在钱币上面。

在底格里斯河畔,曾经的塞琉古王国首都塞琉西亚遗迹中发现的青铜赫拉克勒斯立像(高85.5厘米)。他右手靠在腰部,左手微微斜下,左手肘似乎支在某种架子上面,左脚微微向前,眼睛望向左前方,和那不勒斯博物馆收藏的留西波斯雕刻的赫拉克勒斯像有些神似。青铜赫拉克勒斯立像的左右腿上各自刻有铭文,右腿是希腊语,左腿是帕提亚语。

希腊语大意是:"希腊人说,462年,众王之王阿尔沙克、密特拉达梯之子为讨伐前王朝巴科洛斯之子、密特拉达梯出征迈锡尼。密特拉达梯败,阿尔沙克成为迈锡尼主宰。此青铜赫拉克利斯是从迈锡尼带来,献给阿波罗神所在的该神域,置于铜门前。"

帕提亚语大意是:"阿尔沙克,众王之王、密特拉达梯之子于迈锡尼击败密特拉达梯,巴科洛斯之子、众王之王。密特拉达梯遭流放,迈锡尼被征服。瓦赫兰神(Vahran)的此铜像由迈锡尼带来,刻上铭文后立于蒂尔神域。"

希腊文显示,赫拉克勒斯像制作于塞琉古王朝的462年,即公元150年至151年之间,而从帕提亚文则能看出,赫拉克勒斯被称为瓦赫兰神即乌鲁斯拉格纳（Verethragna）。大约年代为罗马图拉真皇帝率领的远征（公元116年—117年）失败，罗马军队从底格里斯河撤退之后。随后泰西封王宫发生的王位争夺战中，希腊-罗马的大力神赫拉克勒斯变成了具同等神力的乌鲁斯拉格纳落户本地。但是赫拉克勒斯最终未能渡过底格里斯河。到达中亚的赫拉克勒斯已经变成了手持棍棒，或立、或倚、或卧的形象，这些在当时铸造的钱币上可以看到。希腊-巴克特里亚王国钱币上的赫拉克勒斯是或左手拿着棍棒和狮子皮，右手带花冠（德米特里一世），或坐在岩石上右手持棍棒置于膝上（欧西德莫斯一世）的形象。

在阿富汗的哈达佛寺遗址中，有具中尊坐佛，他的右侧就是坐在岩石上的赫拉克勒斯，不过他的棍棒已经变成了帝释天的金刚杵。另一边是左手抱丰饶羊角、右手向佛陀敬献水果的女神堤喀。塞琉斯王国德米特里一世铸造的钱币上，堤喀女神左手抱着丰饶羊角，右手则拿着王笏坐在椅子上。在佛教圣地，大力神和丰饶女神被塑造成了侍奉佛陀的配角，制作者的意图如此鲜明，效果也令人惊艳。

随着神话传到东方的赫拉克勒斯接受伊朗古宗教的洗礼后，在喀布尔河流域的犍陀罗文化圈遇到了佛教，又产生了新的变化。希腊人把雕像称为阿加玛（agalma），意为创造之物，也带有愉悦、欢喜的意思。赫拉克勒斯跋山涉水来到东方遇到佛教后，手中拿着的打死涅墨亚狮子的棍棒也从力量的象征转变为智慧的利剑。赫拉克勒斯原来的意思是"赫拉给予光荣的人"，然而在哈达佛寺发现的赫拉克勒斯已经被塑造成了护法神。

敦煌莫高窟的金刚力士、帝释天（赫拉克勒斯）从地中海出发，千里迢迢越过葱岭，沿途接受多种文化的洗礼后最终抵达敦煌。莫高窟的佛陀和菩萨跳出了佛经的简单描述，其表情和构图背后是更加精彩的世界，其形象也在东渐过程中得到了无与伦比的升华。敦煌艺术的精髓，不仅在于视觉化地呈现了佛教主题的多样性，还在于体现了从地中海到敦煌的各国历史文化的完美融合。从这个意义上讲，敦煌可以说是东西文明交融的缩影。

第一单元 海中奇迹 丝路上的地中海

地中海（Mediterranean）以亚平宁半岛、西西里岛和突尼斯之间的突尼斯海峡为界，是世界上最古老的海。

地中海地区是多元文化汇集之地，其复杂、多样的文明史推动了人类社会发展，对世界文明作出了重要贡献。

地中海沿岸还是古代文明的发祥地之一。这里有古埃及的灿烂文化，见证了古巴比伦王国和波斯帝国的兴盛，更是欧洲文明的发源地。

黑彩陶器

这是古希腊古典时代雅典人制造的康塔罗斯酒杯。康塔罗斯酒杯是古希腊宴会用的巨大酒盅,中间倒入葡萄酒,加以清水稀释,再加入蜂蜜、松脂等香料(古希腊没有喝纯葡萄酒的习惯)。酒杯的表面用含铁较多的颜料,以黑绘技法涂饰。一面绘有一个骑着马的全裸少年,旁边

图2-1

图2-1～图2-3
黑彩陶器
希腊
公元前6世纪下半叶
纵28.2厘米、宽31厘米、
高26.2厘米
藏品编号:101482

是并肩行走的男人们。在画面的左右两侧都立有持杖着长衣的老年人,仿佛在守护那位少年。据分析,这是一位少年在运动场上接受训练的场景,这种训练形式在古希腊社会极受重视。酒杯的另一侧中间绘有一只很大的水鸟,两头豹子分别立于水鸟的左右。

图2-2

图2-3

图2-4

图2-4～图2-6
混酒器
希腊雅典
前6世纪末
高49.5厘米、径48厘米
藏品编号：102795

图2-5

混酒器

这是人们在酒席上使用的一只广口大酒瓮,以水兑葡萄酒,混合加入香料及蜂蜜、松脂等,用于款待客人(古希腊人认为直接饮用未经过稀释的鲜葡萄酒是野蛮的行为)。酒瓮的一面描绘了一辆套上了四匹马的马车,上面坐着一对男女,而周围人们在祝福他们(婚礼队伍)。另一面描绘了年轻人正在运动场上训练的场景。

[图2-6]

从地中海到中国　平山郁夫藏丝路文物

图2-7

图2-8

牛头形红彩陶酒壶

酒壶是一头黑色公牛的头部的形状。外层的涂料含有较多的铁,所以散发出金属的光泽。酒壶上面采用红绘技法(古代希腊陶器的传统绘制工艺),描绘了希腊神话中著名的一幕——变身为天鹅的宙斯正在诱惑绝世美女丽达。

图2-7~图2-8
牛头形红彩陶酒壶
南意大利
公元前4世纪
高20厘米
藏品编号:104533

图2-9~图2-10
女性陶像
叙利亚
公元前2000年
纵3厘米、宽4.8厘米、高13.8厘米
藏品编号：101735

图2-9

女性陶像

　　为表现古代美索不达米亚女性的陶偶，其身体姿势意在祈求富饶与多产。作品突出表现肚脐与下腹部，两手合至胸前。头部有冠类饰品。

图2-10

图2-11

图2-12

女性陶像

为叙利亚北部的女神塑像。她将孩子抱在胸前。其身体表现被简化，躯体部分被拉成细长的平板状，颈部点缀着巨大的首饰。

图2-11
女性陶像
叙利亚
公元前2000年
高14.4厘米、宽5厘米
藏品编号：108232

死者肖像　石灰岩

位于叙利亚中部的帕尔米拉古城在公元1—3世纪，一直是罗马的附属地区，作为商业贸易的绿洲城市而发展繁荣。陵墓内设置了可供放置几具遗体的棚架空间。展品是放置遗体的架子盖上的浮雕，浮雕脸朝上，身着希腊神话里的圣衣。这是为了永远纪念死者而做的肖像。浮雕的背后用阿拉米语刻有被葬者的姓名和哀悼的语句。

图2-12
死者肖像　石灰岩
叙利亚帕尔米拉
公元2世纪—3世纪
高59.5厘米、宽49厘米
藏品编号：100531

图2-13

图2-13
女神像
南意大利
公元前7世纪—前6世纪
纵8.3厘米、宽12.2厘米、高23.5厘米
藏品编号：100024

图2-14
黏土神像
叙利亚
公元前7世纪
纵2.5厘米、宽7.5厘米、高17.5厘米
藏品编号：104998

女神像

为圆筒形的女性塑像，她佩戴着高高的织帽。长长的编发垂在胸前，嘴角挂着传说中古代的微笑（古典式微笑）。从帽子的形状来看应该是德墨忒尔（大地与谷物女神）。胸部以下残缺，据推测应是穿着长衣的一尊坐像。

黏土神像

为巴比伦的黏土板，表现的是冥王奈尔伽尔。奈尔伽尔被称为战争与瘟疫的天神，是冥后埃列什吉伽尔的丈夫，为冥府的支配者，因带来疾病、瘟疫和饥荒而为世人所惧怕。

图2-14

第一单元 海中奇迹 丝路上的地中海

037

图2-16

众神浮雕大理石

为大理石制的奉纳板,上面刻有希腊众神。中央是持笏的宙斯,左侧是手持棍棒的希腊最伟大的英雄赫拉克勒斯,右侧拥有三张脸孔的女性据推测是赫卡忒。赫卡忒是夜晚和冥府的女神,裁决所有的幸福和胜利,多现于三岔路和十字路口。多数情况下拥有三副身体和面孔,手持火把。女神像多供奉于三岔路口等,人们都用物品献祭于她。

图2-15~图2-16
众神浮雕 大理石
东地中海地区
公元前3世纪—前2世纪
高31.8厘米、宽38.8厘米
藏品编号:101485

图2-17

图2-17～图2-18
男性头像　石灰岩
叙利亚帕尔米拉
公元2世纪—3世纪
纵18.5厘米、宽19.5厘米、高22厘米
藏品编号：102020

男性头像　石灰岩

似为希腊的哲人或教师的形象，头发卷曲，神态自然。

图2-20

女性头像　玄武岩

　　头像为石质雕像,在人物形象塑造上受到了公元2世纪时期罗马贵妇人鬓发形象的影响。但因为只有头部,所以很难断定究竟是女神的雕像还是贵妇人的雕像。

图2-19～图2-20
女性头像　玄武岩
叙利亚波斯拉
公元2世纪—3世纪
纵26厘米、宽26厘米、高22厘米
藏品编号:101486

图2-21

首饰 玻璃

项链的吊坠为人头形,大大的眼睛极有特色,作为辟邪消灾的护身符很受欢迎。这类玻璃制品多是古代腓尼基人制造。腓尼基人在由古埃及、古希腊和东方构成的地中海贸易中十分活跃,并从地中海蔓延至西亚地区。

图2-21
首饰 玻璃
东地中海地区–西亚
公元1世纪—3世纪
长52厘米
藏品编号:103276

图2-22
首饰 玻璃
腓尼基
公元前1世纪—公元1世纪
长54厘米
藏品编号:103285

图2-22

图2-23
首饰　玻璃
东地中海地区-西亚
公元前3世纪—公元3世纪
长52厘米
藏品编号：103323

图2-24

图2-24
首饰 玻璃 石 金
东地中海地区
公元前300年左右
长19厘米
藏品编号：101645

图2-25

图2-25
金耳饰
叙利亚
公元前2000年
高1.7～3.4厘米
藏品编号：101887

图2-26
金耳饰
叙利亚
公元前2000年
高1.7～3.4厘米
藏品编号：101893

金耳饰

耳饰为纯金打造、做工精致细腻、富丽奢华，同现在的耳钉一样，古代人要先开耳洞才能佩戴。该耳饰是金板压平打薄后制成。在当时，由贵重金属制成的随身饰品多半会被重新熔化，再打造成不同的物品，能够留存下来的极为罕见。

图2-26

图2-27

图2-28

人物像注口陶器

　　为带把手的陶器，上面坐着一个将手放在头上的人。这个人滑稽地张开的大口就是这个陶器的出水口。同类的陶器在叙利亚、幼发拉底河西岸的泰尔阿布休莱拉青铜器时代遗址内也有出土。

图2-27～图2-28
人物像注口陶器
叙利亚
公元前1800年左右
高23.5厘米
藏品编号：102599

图2-29

图2-29
骑豹的丘比特
地中海
公元1世纪—2世纪
高13.2厘米、宽13厘米
藏品编号：102542

图2-30
香油瓶
希腊雅典
公元前470年左右
高22.5厘米、径4.3厘米
藏品编号：102993

骑豹的丘比特

　　罗马的爱神丘比特在希腊神话中被称为厄洛斯。他是爱神阿佛洛狄忒（维纳斯）的儿子，在希腊神话中的模样为一名长着翅膀的青年，而在罗马时代则表现为一名幼儿的形象，很快又被同化为基督教美术中的天使形象。

香油瓶

　　这是一只用于盛放香油的细长瓶子，作为随葬品被埋在坟墓中。瓶身以红绘式的笔法描绘了长着翅膀的希腊胜利女神尼姬。

第一单元 海中奇迹 丝路上的地中海

图2-30

图2-31

图2-32

香油瓶与金底座　玻璃　金

为芳香精油容器，上面装饰有端正的羽状纹路。由于长期埋藏在土中导致表面劣化，容器下面还有一个金制的台面。容器上的花纹应该是将溶化后的有色玻璃缠绕在玻璃瓶上，趁其尚未冷却用金属丝之类的器具向垂直方向平推，从而制作出似鸟类羽毛状的花纹。这样的筒状芳香精油瓶被称为Alabastron，名称源自古代埃及用雪花石膏（Alabaster）制成的石容器（用来保存木乃伊的内脏等）。

带鋬杯

为带鋬的罗马施釉陶杯，涂釉，釉中含较多铅。外侧为橄榄绿色，内侧为橙色。杯身通过模压成型，描摹出了希腊罗马时代的神话场景，但因磨损严重，无法辨识具体内容。

图2-31
香油瓶与金底座　玻璃　金
东地中海地区
公元前4世纪—前3世纪
高18.6厘米、宽5.1厘米
藏品编号：101188

图2-32
带鋬杯
地中海东岸
公元前1世纪—公元1世纪
高11.3厘米、径15.4厘米
藏品编号：102227

图2-33

图2-33～图2-34
单耳几何纹蚕茧壶
塞浦路斯
公元前8世纪
高32厘米、宽30.7厘米、径12.5厘米
藏品编号：102968

单耳几何纹蚕茧壶

　　这是一个特征为有同心纹和几何纹的彩色花纹土器。在东地中海中漂浮着的基斯岛，是铜的产地，当地铜的交易很是繁荣，受到周边的欧恩特、爱迪斯、吉西亚等地的影响，自古以来就有着高度繁荣的文化。基斯的土器也出口至锡亚、斯金纳。

图2-35

图2-36

角斗士纹样油灯

模压成型制成的煤油灯,在罗马时代普及开来。人们可以从上面的小孔注入橄榄油,在前端的点火口插入灯芯,点上油灯。上方的圆形装饰多种多样,有着各式各样的主题图案。不同时代,把手或有或无,点火口的形状也会发生变化。

丘比特纹样油灯

模压成型制成的煤油灯,在罗马时代普及开来。人们可以从上面的小孔注入橄榄油,在前端的点火口插入灯芯,点上油灯。上方的圆形装饰多种多样,有着各式各样的主题图案。不同时代,把手或有或无,点火口的形状也会发生变化。

图2-35
角斗士纹样油灯
地中海周边、北非
公元1世纪—3世纪
高10.4厘米、宽7.3厘米
藏品编号:104772

图2-36
丘比特纹样油灯
地中海周边、北非
公元1世纪—2世纪
高11.4厘米、宽8.2厘米、厚2.8厘米
藏品编号:104759

图2-37

图2-37
玻璃钵
东地中海地区
公元前2世纪—公元1世纪
高4.6厘米、径15.6厘米
藏品编号：101213

玻璃钵

为浅而薄的玻璃器皿。据推测，其制作过程应该是先将加热后的黄色透明玻璃延展成圆板状，再倒置于一个扣过来的钵上，使其成型为圆钵状（热下垂法）。

图2-38

玻璃杯

为罗马时期受人欢迎的patella型酒杯（patella意为膝盖骨），特点是杯口极大。此类酒杯有各种色彩，匠人多铸模制作，再加以多次打磨。

图2-38
玻璃杯
东地中海地区
公元前1世纪—公元1世纪
高5.6厘米、径12.1厘米
藏品编号：101964

图2-39

图2-40

大理石纹长颈玻璃瓶

　　这是用罗马时代普及的吹制玻璃技法制成的长颈瓶。紫色与白色的玻璃相融,让长颈瓶的整体都呈现出大理石般的花纹。

图2-39～图2-40
大理石纹长颈玻璃瓶
东地中海地区
公元1世纪
高8.1厘米、径6.3厘米
藏品编号:102085

图2-41

图2-41
双柄玻璃小壶
东地中海地区
公元1世纪—2世纪
高6.6厘米、宽5厘米
藏品编号：101211

图2-42
双耳瓶
地中海周边地区
公元前1世纪—公元2世纪
高60.5厘米、宽32厘米
藏品编号：102930

双柄玻璃小壶

为深蓝色的玻璃芳香精油瓶。瓶体为吹制而成，带有同色的把手。把手上端和口部的接合部分为环状，可以系上细绳等。

双耳瓶

这是一个用来装葡萄酒，然后运输用的素烧壶（有两个把手的壶）。也有的是用来运输油何调味料的，这是古代地中海交易的主要制品。这是从地中海沉没的商船中打捞上来的。它的尖端是为了可以没有缝隙地装载在船底。

第一单元　海中奇迹　丝路上的地中海

图2-42

065

图2-43

图2-44

玻璃水壶

为吹制玻璃工艺制成的水瓶。把手上端有一个可以按上手指的突起部分,据推测,该展品应该是仿制金属水瓶制成的玻璃水瓶。

玻璃水壶

为吹制玻璃工艺制成的水瓶。由于长期深埋土中导致表面劣化,呈现出彩虹般的金属光泽(银化现象)。注水口的部分被制作成了三叶形,在口部和细长的颈部有青绿色玻璃制成的环。

图2-43
玻璃水壶
东地中海地区
公元3世纪—4世纪
高11.4厘米、宽6.8厘米
藏品编号:101507

图2-44
玻璃水壶
东地中海地区
公元3世纪—5世纪
高14厘米、宽7厘米
藏品编号:103051

图2-45

图2-45
纽装饰玻璃瓶
东地中海地区
公元4世纪—5世纪
高16.6厘米、宽6厘米
藏品编号：103473

图2-46
吊提梁玻璃瓶
东地中海地区
公元4世纪—5世纪
高23厘米、宽7.3厘米
藏品编号：104369

纽装饰玻璃瓶

　　黄色的透明玻璃瓶，瓶的两侧用加热过的青绿色玻璃制成弯弯曲曲的纽带状，虽然不能当成把手，缺乏实用性，但却起到了明显的装饰效果。

吊提梁玻璃瓶

　　连体瓶周身缠绕着玻璃绳，侧面也缠有波浪形的玻璃绳。在瓶口上端装有较大的两层把手。这种用玻璃绳点缀的复杂装饰，需要玻璃匠人拥有非常快的制作速度与成熟的温度控制能力。因为一旦在完工前玻璃凝固，就再也无法加工了。这一展品是由罗马时代熟练的玻璃吹制匠人打造的一级珍品。

图2-46

第一单元 海中奇迹 丝路上的地中海

第二单元 两河荣光 丝路上的伊朗、阿富汗

古代波斯部落居住在伊朗高原西南部。在国王大流士一世统治时期,波斯国势达到鼎盛,领土包括今埃塞俄比亚、亚美尼亚、巴尔干半岛、小亚细亚、帕米尔高原、印度河平原,是世界上第一个地跨亚、非、欧三大洲的帝国,第一次直接把四大文明发祥地连成一块。波斯帝国无论是从西向东看还是从东向西看,都正好落在丝绸之路上。

图3-1

石制圆筒印章英雄战争图

古代美索不达米亚地区的人们通常会将契约或法规等用楔形文字记录于泥板上,再用黏土包裹文字内容,在外侧钤盖印章。古代美索不达米亚的印章多种多样,圆筒状的印章就像滚筒一样,能够在黏土上滚动印出图案,筒身以珍贵的石料制成,刻有连续的花纹,并且通过同狮子及人面牛身怪物战斗的人物形象来表达对英雄的崇敬。

第二单元 两河荣光 丝路上的伊朗、阿富汗

图3-1
石制圆筒印章英雄战争图
美索不达米亚
公元前2200年左右
高2.8厘米
藏品编号：102895

图3-2

图3-3

彩陶人物头像

为古代美索不达米亚（推测为喀西特）的彩陶制品。彩陶是以石英粉为主要原料的古代烧制品。可能是某个小型木制女性像的一部分。耳朵上有三个孔，能看到眼睛和眉毛有镶嵌技法的痕迹。在大英博物馆内也有类似展品。

玻璃圆形吊坠

为利用开放型的铸模制成的圆形吊坠。4000多年前，美索不达米亚地区的人们发明了玻璃，并传至西亚、埃及以及东亚各国。古代的玻璃虽然不像现代玻璃般透明，但是它流光溢彩，可用于制作护身符、随身饰品及高档容器。

图3-2
彩陶人物头像
美索不达米亚
公元前14世纪—前12世纪
纵3.3厘米、宽4.5厘米、高6厘米
藏品编号：100525

图3-3
玻璃圆形吊坠
北美索不达米亚
公元前14世纪—前13世纪
厚1.1厘米、宽6.5厘米、高7厘米
藏品编号：103724

图3-4

图3-4
首饰　玻璃
北美索不达米亚
公元前14世纪
长56厘米
藏品编号：102858

图3-5
首饰　玻璃　金
北美索不达米亚
公元前14世纪
长64.8厘米
藏品编号：102853

首饰　玻璃

公元前15世纪—前13世纪，以北美索不达米亚地区的米坦尼王国为中心，各地盛行起制作早期玻璃来。这些首饰就是后世以早期工艺制作的玻璃珠穿制而成。用青色的玻璃珠充当青金石与绿松石，用茶色的玻璃珠充当缟玛瑙。这类仿制珍贵石料所制作的玻璃饰品同宝石一样价格高昂，由于其蕴含着神秘的力量，因此是备受珍视的随身饰品。

图3-5

图3-6

图3-7

图3-6
首饰　玻璃
北美索不达米亚
公元前14世纪
长59.2厘米
藏品编号：102854

图3-7
银制动物装饰手镯
伊朗
公元前9世纪—前7世纪
径7.2厘米、厚2.5厘米
藏品编号：101701

图3-8

图3-8
动物装饰金属手镯
伊朗
公元前6世纪—前4世纪
宽7.2厘米、径6.7厘米、厚1.1厘米
藏品编号：101700

动物装饰金属手镯

金属制的手镯，手镯的缘首上有狮子等动物头部形状雕刻装饰。这种昂贵的装饰在古代既被视为护身符，又可以用来彰显自身的地位和权势。对于频繁移动的游牧民族来说，也是可以随身携带的珍贵财产。

图3-9
动物装饰青铜手镯
伊朗
公元前6世纪—前4世纪
宽7.5厘米、径6.6厘米、厚1.2厘米
藏品编号：101693

图3-10

图3-11

第二单元 两河荣光 丝路上的伊朗、阿富汗

图3-10～图3-11
牛形陶器
伊朗西北部
公元前12世纪—前9世纪
高18厘米
藏品编号：104541

图3-12

图3-12 ~ 图3-13
牛形陶器
伊朗西北部
公元前1200—前800年
高28厘米
藏品编号：102622

牛形陶器

　　从伊朗的西北部里海南岸、吉兰省（马鲁里科）的王侯同葬墓中发掘出大量的陶器与金属器具，多采用各种动物形状。瘤牛在古代的西亚、印度、非洲等地区被视为家畜来饲养繁育。牛形陶器四肢粗短、突出背部的瘤峰（脂肪囤积块），脸部即为注水口，可注入葡萄酒等。据推测是当时仪式上使用过的器具。

图3-13

图3-14

图3-15

水牛形陶器（来通）

陶器颈部后面有一个圆形的注水口，鼻尖有小孔。肥大而弯曲的角仿佛要把眼睛遮住，四肢极为短小，身体稍微带有圆弧度，并绘有红色线条的几何图案。

图3-14～图3-15
水牛形陶器（来通）
伊朗西北部
公元前1000年下半叶
宽25厘米、高24厘米
藏品编号：101120

图3-16

图3-16 ~ 图3-17
牛形陶器（来通）
伊朗西北部
公元前10世纪—前8世纪
宽30.5厘米、高28.5厘米
藏品编号：101994

牛形陶器（来通）

在铁器时期早期，伊朗的象形陶器大多以各类动物为原型。虽然形态各异，但基本都是在酒宴或是祭祀典礼上使用的器具。陶器以公牛为原型，背部有注水口，前足之间有出水孔。可从出水孔中将酒注入杯中。从动物状的器具中流出的液体，对于当时的古代人来说，具有一种神秘的力量。

图3-17

图3-18

图3-19

人物像注口陶器

象形陶器出土于伊朗西北部的吉兰州的古墓，是一个人头兽身的器具。巨大的嘴部像鸟又像兽，就是注水口。人物像是尖头顶，右手按在器身口缘处，左手抱着器身，足部形状和前方动物的足部一致。该展品可以说是人、动物与器具的完美结合，极富想象力。

图3-18～图3-19
人物像注口陶器
伊朗西北部
公元前900—前800年
纵27.5厘米、宽10.8厘米、高17.5厘米
藏品编号：101992

图3-20

图3-20 ~ 图3-21
施釉瓦
美索不达米亚
公元前9世纪左右
纵23厘米、宽23厘米
藏品编号：105373

施釉瓦

施釉瓦，装饰于富丽堂皇的亚述王宫，釉瓦四周刻有色彩鲜明的白色和黑褐色的古巴比伦文字。釉瓦中央刻有"亚述国王图库尔提·尼努尔塔的儿子"，故此它与著名的新亚述帝国国王阿淑尔纳西尔帕二世相关（Ashurnasirpal II，公元前883—前859年）。

图3-21

第二单元 两河荣光 丝路上的伊朗、阿富汗

从地中海到中国 平山郁夫藏丝路文物

图3-22

图3-23

青釉扁壶

帕提亚时代的彩釉陶器。帕提亚时代至萨珊王朝的西亚盛行用氧化铜染色的碱性釉。其含有的铜成分根据烧制的情况会呈现出淡绿乃至绿松石般的蓝色、青绿色,又或者是像绿宝石一样鲜绿的颜色,可以自由地进行创作。

青釉双把手壶

陶质,双耳,满施青绿釉。圆形腹部的上半部分装饰有乳钉纹样。

图3-22
青釉扁壶
伊朗西南部
公元1世纪—2世纪
高34厘米、厚15厘米
藏品编号:102340

图3-23
青釉双把手壶
伊朗西南部
公元1世纪—3世纪
高24厘米、径16厘米
藏品编号:103795

图3-24

图3-24
青釉双把手壶
伊朗西部
公元2世纪
高31.5厘米、径21.7厘米
藏品编号：102152

图3-25
青釉多连壶
伊朗西南部
公元1世纪—3世纪
高36.5厘米
藏品编号：103746

青釉双把手壶

陶质，满施青绿釉，直口外翻，有双耳，折腹，下腹紧收，台座形底。肩部有篦形纹饰。

青釉多连壶

陶质，器身的青绿釉已有些银化，器形分上下两部分，上部由三个小双耳壶组成，下部由三个较大的三耳壶组成。上下部以三个立柱连接，每柱上端饰有人面纹样，极为少见。

图3-25

图3-26

图3-26
突起装饰玻璃碗
伊朗
公元7世纪—8世纪
高8.7厘米、径11.5厘米
藏品编号：101876

突起装饰玻璃碗

淡绿色的玻璃碗，由萨珊王朝时波斯的吹制玻璃技艺制成。整体银化，呈现彩虹的光彩。有大块突起的纹路环绕玻璃碗，下部有小块突起的纹路。在中国的河北省也有类似的文物出土。

图3-27

圆形玻璃切子碗

半透明玻璃质碗,典型的伊朗萨珊朝玻璃器,通体饰龟甲状纹样,此碗被推定为伊朗中南部制作。同类型的切子碗在萨珊王朝时经由丝绸之路传到中国及日本。收藏于日本奈良正仓院的"白琉璃碗"就是此类文物。

图3-27
圆形玻璃切子碗
伊朗
公元5世纪—7世纪
高9.7厘米、径12.5厘米
藏品编号:103107

图3-28

图3-28
玻璃壶
伊朗
公元6世纪—7世纪
高10.5厘米、宽14厘米
藏品编号：105233

图3-29
动物纹奉献金板
伊朗
公元前8世纪—前7世纪
高5.6厘米、宽4.3厘米
藏品编号：101697

玻璃壶

公元7世纪伊斯兰教创立。在吸收与继承了罗马时代至波斯萨珊王朝时代的技术与传统的基础上，诞生了反映伊斯兰教世界观的高度发达的艺术文化。在伊斯兰社会中，玻璃制品是不可缺少的生活用品，这一时期出产了大量装饰有色彩艳丽的玻璃的灯具、水壶、瓶子和门窗等。

动物纹奉献金板

古代西亚地区盛产装饰板，一般是在金或银的薄板上錾出神像、人物或动物花纹，可以作为护身符使用，也可以贴在家具上作为装饰。

图3-29

第二单元 两河荣光 丝路上的伊朗、阿富汗

图3-30

图3-31

神像纹奉献银板

作为实用物，考虑是贴在家具上的装饰。

有翼人面兽身像镜板镳

为胡齐斯坦的青铜器，是马具的一部分。马口咬有马嚼子以及左右各一的镜板（用来护住马脸的面具）。推测为祭祀用器具或是陪葬的冥器。

图3-30
神像纹奉献银板
伊朗
公元元年前后
高4.9厘米、宽2.5厘米、厚0.6厘米
藏品编号：101726

图3-31
有翼人面兽身像镜板镳
伊朗
公元前1000年上半叶
纵15厘米、宽22厘米、高20.5厘米
藏品编号：102155

第二单元　两河荣光　丝路上的伊朗、阿富汗

图3-32

图3-32
花瓣纹盘
伊朗
公元前7世纪—前6世纪
高4厘米、径20.5厘米
藏品编号：103791

图3-33

花瓣纹盘

卢利斯坦是伊朗西北部扎格罗斯山脉中的山岳地带,公元前1000年前半期发展了华丽的青铜器文化。当时的游牧民被认为是肩负起发展青铜器文化重任的人,许多贵金属制品在坟墓中被发现,但具体的情况尚未可知。大的圆形银质盘子是在祭奠或者盛宴时,用来从角杯中接葡萄酒的,上面打制出的莲花纹十分华丽。No.103045的缘口,用埃兰文刻着的"安皮利修、萨马地之王、达巴拉之子",是它的所有者(或者是注文的人)的铭。

图3-33
花瓣纹盘
伊朗
公元前7世纪—前6世纪
高5厘米、径26.8厘米
藏品编号:103045

图3-34

图3-34 ~ 图3-36
双牛青铜像
伊朗
公元前1000年
纵6.8厘米、宽4.7厘米、高5.5厘米
藏品编号：101583

双牛青铜像

伊朗高原矿产资源丰富，自古以来冶金技术发达，特别是伊朗西部的胡齐斯坦出土了大量青铜制品。双牛青铜像被认为是胡齐斯坦族长和战士的陪葬品，展现了高超的铸造技术，以及以动物为型的独特意匠。

图3-35

图3-36

第二单元 两河荣光 丝路上的伊朗、阿富汗

图3-37

图3-37
有铭文的银制壶
伊朗
公元前10世纪—前8世纪
高17厘米、径21厘米
藏品编号：102982

有铭文的银制壶

矿产资源丰富的伊朗出产了大量豪华的金属器具。尤其是在阿契美尼德波斯王朝时期，宫廷工房融合埃及、亚述、希腊等式样与风格，打造出了富丽堂皇的金器和银器。

银制壶壶口部分用楔形文字刻有铭文（新阿拉伯语），意思是安皮利修，萨马地之王，达巴拉之子。

图3-38

银制壶

采用分量厚重的银板打造而成。壶口突出，口沿外翻，壶体上绘有田垄形花纹。

图3-38
银制壶
伊朗
公元前7世纪—前6世纪
高7.5厘米
藏品编号：104515

图3-39

图3-40

狮子装饰杯

在青铜制的深杯外侧装饰有加工过的银板。银板上端有石榴果实的连续花纹以及狮子头像，底部一周刻有狮子。

青铜带柄香炉

青铜材质，香炉柄部为一身姿生动的有翼狮子形象，狮子的两前足与托盘用两个铆钉连接。

图3-39
狮子装饰杯
伊朗
公元前7世纪—前6世纪
高31厘米、径18.3厘米
藏品编号：103057

图3-40
青铜带柄香炉
伊朗
公元前2世纪—公元2世纪
高19.4厘米、径8.6厘米
藏品编号：102297

图3-41

图3-41
天马形来通杯
伊朗
公元前4世纪左右
高27厘米
藏品编号：101124

图3-42
马形来通杯
伊朗西北部
公元前3世纪—公元2世纪
纵12.5厘米、宽22厘米、高31厘米
藏品编号：103050

天马形来通杯

银制酒壶，前端是有翅膀的马（即天马）的前半躯体。酒壶在古波斯以及西亚地区，是在仪式上使用的祭器。乍看如同角杯，实际上在马的前足间有流出孔，通过流出孔可以将葡萄酒倒入杯中。

马形来通杯

为帕提亚时代的彩釉陶器来通杯。其下半部分马的前半身向前伸，马的胸口部分有小孔，小孔内还有类似瓶栓的残留物。

图3-42

图3-43

图3-44

绿釉人面双柄来通杯

陶质，满施青绿釉，上部为双耳瓶状，底部为山羊或鹿的头部形状的流口。瓶肩部饰有手持杯子侧卧着的大力神赫拉克勒斯像。下部雕刻一头戴冠带，头两侧为鬈发的贵族头像，极为珍贵。

陶制动物形来通杯

帕提亚时代的作品。陶质，器身为椭圆形，有把手，壶嘴细长，为牛头或山羊头形状，为了增加稳定性，在壶的底部附加有几个壶腿。

图3-43
绿釉人面双柄来通杯
美索不达米亚
公元2世纪—3世纪
高36厘米
藏品编号：103570

图3-44
陶制动物形来通杯
伊朗西北部
公元前1世纪—公元2世纪
高19.8厘米、宽32.5厘米
藏品编号：104542

图3-45

图3-45
猪头纹镀金杯
伊朗萨珊朝
公元5世纪—7世纪
高3.7厘米、径12.3厘米
藏品编号：102944

图3-46
鹿纹银杯
伊朗
公元前2世纪—公元3世纪
径14.5厘米
藏品编号：101145

猪头纹镀金杯

萨珊王朝时代的波斯工艺发达，生产出了大量用于宫廷酒宴和祭礼上的华美银器，更有为数不少的杰作。猪头纹镀金杯，圆底、带把，杯内底中央镀金并刻有一野猪头形象。野猪在某些宗教和王权视觉系统中被视为战神的化身，是萨珊朝受欢迎的图案。

鹿纹银杯

银质，是受希腊化或罗马风格影响的银器。中央雕刻一形象生动的牡鹿，周围为放射状旋纹。

第二单元　两河荣光　丝路上的伊朗、阿富汗

图3-46

图3-47

图3-48

鸟纹舟形镀金杯

银镀金，为圆底舟形杯。口缘镀金，内壁满施圆点纹，杯内底中央镀金并刻有一只像鹭鸟的图案。

孔雀纹舟形镀金杯

器形为椭圆形，内底中央刻有一镀金的孔雀图案。刻画细致，孔雀尾羽亦线条清晰。

图3-47
鸟纹舟形镀金杯
伊朗萨珊朝
公元5世纪—7世纪
长22.8、宽11.3厘米
藏品编号：102532

图3-48
孔雀纹舟形镀金杯
伊朗萨珊朝
公元7世纪—8世纪
长17.2厘米、宽12厘米
藏品编号：102154

图3-49

图3-49
帝王驼鸟狩猎纹银盘
伊朗萨珊朝
公元6世纪—7世纪
高4.8厘米、径21.6厘米
藏品编号：101143

帝王驼鸟狩猎纹银盘

银镀金，画面图案表现的是萨珊朝巴赫拉姆五世骑马射获两只驼鸟和一只雄羚羊的场面。图案用阴线刻画，本来阴刻线内错金，现已脱落。盘底刻有铭文。

图3-50

帝王狩猎熊纹银盘

描绘帝王击倒凶猛的大熊的场景。帝王狩猎纹样是古代西亚的传统图案，通常描绘的是马背上的王侯击倒迎面扑来的野兽。

图3-50
帝王狩猎熊纹银盘
伊朗萨珊朝
公元6世纪—7世纪
径22.6厘米
藏品编号：103566

图3-51

图3-52

鸟纹浮雕杯

银镀金，浮雕纹样是捶揲敲制而成的。杯中心为一衔小枝的鸭子图案，四周配有蔓草纹和联珠纹图案，部分镀金。这种图案及器形应为中亚及粟特地区典型的金银器物。

腰带

这是一个青铜制的腰带。薄薄的青铜板上打制出细小的纹样。从边缘部分的小孔可以看出，是用皮革等物裱褙而成的。表面上刻有狩猎文，共五行，文中描写了战士们骑着马或战车，向狮子、山羊、鹿等猎物放箭的情景。在高加索地区荣华一时的乌拉尔图王国曾是一个可以与亚述帝国争霸的强国。这应该是乌拉尔图的武将用来作腹带的东西吧。

图3-51
鸟纹浮雕杯
伊朗萨珊朝
公元6世纪—7世纪
径22厘米
藏品编号：104578

图3-52
腰带
土耳其
公元前9世纪—前7世纪
长108.5厘米、高13.5厘米
（展示：37.4厘米）
藏品编号：100802

图3-53

图3-53～图3-54
银制高脚杯
伊朗
公元7世纪—8世纪
高9.4厘米、径13.7厘米
藏品编号：101144

银制高脚杯

银镀金，杯身和杯脚分别制作，后焊接而成。杯内饰鱼形纹和树叶纹，杯脚为倒喇叭形。纹样部分镀金。同样器形中国也多有发现。

图3-54

图3-55

图3-56

女神石坐像

　　这是阿富汗巴克特里亚青铜文化中极具代表性的地母神像,脸部为白色石灰岩,帽子或头发和衣服为绿泥石。神像所穿的是当时苏美尔的传统服饰卡吾那凯斯,据推测是通过青金石等交易传入,在服饰上受到了美索不达米亚地区文化的影响。原本各部分应该是相接的,遗憾的是没能留下此类痕迹。出土文物中很少能看到这样的地母神像,在巴基斯坦中西部的墓葬中曾出土过。

金王冠

　　金冠制作可以说是希腊风格金属工艺的传统,使用橄榄枝叶做装饰也是希腊美术的特点,王冠吸收了上述的风格。金冠中央还镶嵌了从阿富汗北部山岳地带的矿山上开采出来的青金石,实属罕见。阿富汗的青金石开采始于公元前3000年左右,之后出口到西方的埃及和美索不达米亚地区,被人们视若珍宝。但是在犍陀罗以及周围地区,几乎没有在公元元年前后使用青金石用于制作工艺品的例子。

图3-55
女神石坐像
阿富汗
公元前1900年左右
高10厘米
藏品编号：103061

图3-56
金王冠
阿富汗
公元前2世纪—公元2世纪
高7.51厘米、径17.5厘米
藏品编号：101153

图3-57

图3-57～图3-58
狩猎纹银碗
阿富汗
公元前2000—前1800年左右
高10厘米、径11厘米
藏品编号：100772

狩猎纹银碗

银碗外部刻画了主人公带领三条狗狩猎野山羊的场面。因主人公头戴包头巾，两手腕戴有手镯，可推测此人是一位首领。对面还有一个人带着两条狗埋伏于此等待逃走的山羊。背景还描绘了一些低矮的植物和因声响惊飞的小鸟。该展品非常写实地还原了这一生活场景。据推测，作品是为了彰显首领的伟大，又或者是在祈祷狩猎的成功。

第三单元 两河荣光 丝路上的伊朗、阿富汗

图3-58

图3-59

图3-60

婚礼图彩纹陶器

红陶质带把壶,颈部和底部绘有一周联珠纹,腹部绘有两组面面相对的男女头像及一头山羊。男性手持酒杯,女性手持鲜花,应为表现婚礼场面的图案。是研究萨珊朝后期美术的重要资料。

野猪头联珠纹陶器

陶质,带把敞口壶,腹部绘矩形区域,区域内绘一圈联珠纹,其间绘野猪头部。

图3-59
婚礼图彩纹陶器
阿富汗北部
公元6世纪—7世纪
高7.5厘米
藏品编号:102904

图3-60
野猪头联珠纹陶器
阿富汗北部
公元6世纪—7世纪
高13.1厘米、径10.5厘米
藏品编号:102902

图3-61

图3-61
联珠纹陶盘
阿富汗北部
公元8世纪上半叶
径10.6厘米
藏品编号：105254

图3-62
羚羊联珠纹陶器
阿富汗北部
公元8世纪
高27厘米
藏品编号：105052

联珠纹陶盘

陶质，盘内侧饰一圈绛红色联珠纹图案，底色为黑色。外侧饰植物纹。

羚羊联珠纹陶器

陶质带把敞口壶，腹部绘有三组圆形联珠纹图案，其中用独特的笔致，细腻地绘有口衔树枝的大角羚羊图案。三组联珠纹间绘有水鸟等图案，图案精细别致。

图3-62

图3-63

图3-64

人物形头部彩纹陶器

可能是一个人形壶状陶器的头部。头部中央有仿佛嵌进去一般的头饰或帽子。脸颊上有像刺青或是鬓角的设计。眼睛周围的边缘有两层,眉毛上有弯曲的粗线,一直延伸到鼻梁。化过妆又或者是文过身的脖子上挂着一个联珠图案的首饰,一个方格图案的首饰。虽然无法确定该展品所属的民族或文化,但其最大特征,就是在陶器上设计了联珠带和联珠图案。

羊形陶器

陶质容器,器形为一侧头的羊。羊角和颈部各饰一圈联珠纹,羊面部为立体造型,身体饰圆形花纹,形象可爱。

图3-63
人物形头部彩纹陶器
阿富汗北部
公元8世纪上半叶
高9厘米
藏品编号:102358

图3-64
羊形陶器
阿富汗北部
公元8世纪上半叶
高16厘米
藏品编号:104792

图3-65

图3-65
羊形陶器
阿富汗北部
公元6世纪—7世纪
纵5.5厘米、宽6.1厘米、
高8.5厘米
藏品编号：102252

图3-66
彩纹人物形陶器
阿富汗北部
公元8世纪
高27.5厘米
藏品编号：105006

羊形陶器

陶质容器，器形为一蹲坐的羊。羊角和颈部各饰一圈联珠纹，身体部分用联珠纹划分出空间，其间绘有鸟形图案，羊面部为立体造型，形象可爱。

彩纹人物形陶器

陶质人面带把壶，人面雕刻是浅浮雕，彩绘细致，壶的肩部绘菱形纹饰，腹部装饰联珠纹，环状联珠纹中央绘马头图案。

第二单元　两河荣光　丝路上的伊朗、阿富汗

图3-66

图3-67

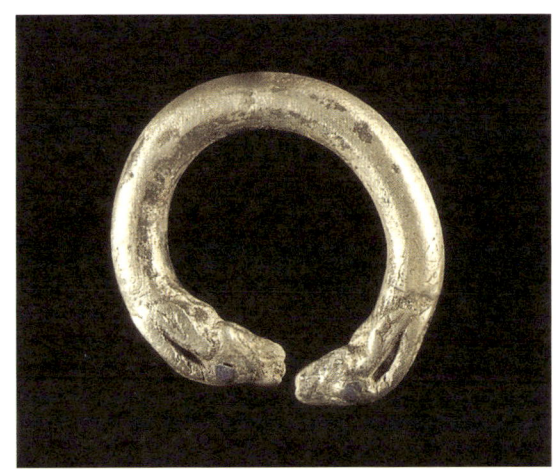

图3-68

图3-69

金别针

金质,金针头部为人手形状,手下部镶有绿松石。

手镯

银质,手镯两端为游牧民族特有的动物形象,也是较为常见的装饰题材。在波斯阿契美尼德王朝较为流行。

图3-67
金别针
阿富汗
公元前2世纪
长14.9厘米
藏品编号:102940

图3-68~图3-69
手镯
阿富汗
公元前7世纪—前5世纪
径7.5厘米
藏品编号:101369

第三单元 佛陀之光 丝路上的印度

印度位于南亚，是南亚次大陆最大的国家。印度历史悠久，是世界上最早出现文明的地区之一。古印度文明的疆域包括今印度共和国、巴基斯坦、孟加拉国、阿富汗斯坦南部部分地区和尼泊尔，是丝绸之路的重要节点。犍陀罗是古典时代人类文明的熔炉，印度文明、伊朗文明、希腊文明，以及草原文明在这里相遇，碰撞和融合，造就了独一无二的具有世界主义色彩的犍陀罗文明。

图4-1

图4-2

手柄青铜水壶

青铜材质，独特的斜喇叭口口沿工艺，是受希腊化或罗马制作工艺的影响。把手上端为一位头上有一对角的男神卧像，下端为一葡萄树叶下藏着的女神胸像。应为盛葡萄酒容器。

高脚银杯

银质，为典型的罗马风格的银杯。制作工艺应该是从地中海传来的制作技术，用一张银板捶揲敲制而成。

图4-1
手柄青铜水壶
犍陀罗
公元前2世纪
高34厘米
藏品编号：102009

图4-2
高脚银杯
犍陀罗
公元前1世纪—公元1世纪
高12.3厘米、径7.8厘米
藏品编号：100211

图4-3

图4-3
首饰
犍陀罗
公元1世纪
径14.5厘米
藏品编号：102729

图4-4
金垂饰
犍陀罗
公元1世纪—3世纪
高2.1厘米
藏品编号：100182

首饰

　　金质，项圈为一较粗的金条，之上再缠绕细一些的金线，中间部分为一大两小三个圆珠装饰，其上为W字形装饰。

金垂饰

　　耳坠呈希腊的安法拉壶（有双把手的壶）式样，把手部分被设计成海豚状，下有垂饰。据推测是耳坠的一部分。希腊有很多外国进口的饰品，又或者是受到外来饰品影响而制作的。

图4-5

图4-5
金耳饰
犍陀罗
公元1世纪—3世纪
长6.5厘米、宽2.8厘米
藏品编号：100179

金耳饰

在与罗马帝国时期平行的西亚，特别是帕提亚文化圈和犍陀罗，曾经盛行佩戴金制的随身饰品，通过出土文物就可以了解到这一点。这种在弓形弯月上点缀金粒的耳饰在犍陀罗多有出土。金粒加工相传在公元前3000年的东方就已存在，在近东地区得到了发扬。耳环本体和垂饰部分为中空。

图4-6

金耳饰

该展品为金粒装饰的耳饰。其耳环部分上下连接,可以开合。

图4-6
金耳饰
犍陀罗
公元1世纪—3世纪
长4.5厘米、宽2.3厘米
藏品编号:100178

图4-7

图4-7
金耳饰
犍陀罗
公元1世纪—3世纪
长4.8厘米、宽5.1厘米
藏品编号：101363

图4-8
手镯
犍陀罗
公元2世纪—3世纪
径9.5厘米
藏品编号：100529

金耳饰

金质，为耳坠饰，做工极为精细。

手镯

银质，整体造型为C形，通体饰条状装饰。

图4-8

图4-9

图4-9
祭具铜香薰炉
犍陀罗
公元1世纪
长46厘米、宽10.3厘米、
高16厘米
藏品编号：103460

图4-10
贵霜王侯像铜扣
犍陀罗
公元2世纪下半叶
径4.6厘米
藏品编号：102508

祭具铜香薰炉

手柄部分有一只鬃毛随风飘扬的带翅膀的狮子，前端部分为双手合十的人像，仅有上半身，并戴有极具印度风情的巨大耳饰。该展品被认为是香炉，但器身和手柄的角度又似舀子。手柄是中空的。

贵霜王侯像铜扣

青铜质，表面雕刻着像是贵霜国王的胸像，背面有可穿线的环纽。通常为披风的扣饰。

图4-10

第三单元 佛陀之光 丝路上的印度

151

图4-11

图4-11
石制黛砚（掠夺欧罗巴）
犍陀罗
公元前2世纪—公元1世纪
径9.5厘米
藏品编号：101577

石制黛砚（掠夺欧罗巴）

　　石质，贵霜王朝之前的犍陀罗流行的一种化妆盘，一般盘中以雕刻希腊神话故事为主。盘中刻有变化成牡牛的宙斯神掠夺腓尼基公主欧罗巴的场面。雕刻技艺精湛。

图4-12

图4-12
石制黛砚（男女飨宴）
犍陀罗
公元前2世纪—公元1世纪
径13.8厘米
藏品编号：100169

图4-13

图4-13
石制黛砚（男女飨宴）
犍陀罗
公元前2世纪—公元1世纪
径12.7厘米
藏品编号：102584

图4-14

石制黛砚（骑马人物）

在犍陀罗国至塔克西拉的周边出土了较多的直径在10～15厘米的石制浅口盘，被称为"化妆盘"。盘子内侧刻有掠夺腓尼基公主欧罗巴等希腊神话故事、"死者的盛宴"，以及名叫特里同的人鱼和海兽等，表现了死后的再生和将灵魂引导至死者之国的题材。盘上并未检测出化妆颜料。犍陀罗在创造出佛像后不久，就快速地亡国了。近年来这类小盘又被认为是为了祈求死后的灵魂得到救赎所使用的供品盘。横卧在躺椅上、左手拿着酒杯的人物属于希腊、罗马风格里多见的酒宴题材，在安德罗尼亚的石棺和陶棺上刻有死者的雕像，也属于罗马风格的石棺装饰。这类被称为"死者的盛宴"的主题经由罗马传至了巴尔米拉和犍陀罗国。

图4-14
石制黛砚（骑马人物）
犍陀罗
公元前2世纪—公元1世纪
径13厘米
藏品编号：100167

图4-15

图4-15
舍利容器与供养品
犍陀罗
公元1世纪初
高12.2厘米、径12厘米
藏品编号：101740

图4-16
佛塔形玻璃舍利容器
犍陀罗
公元2世纪—4世纪
高6厘米、宽1.9厘米
藏品编号：102132

舍利容器与供养品

覆钵型舍利容器为石质，其中还有大小四个分别用金、银做成的圆筒形带盖容器，套装在一起。内容物分别为金、银、玛瑙、矿石等做成的供养物。还有一件展开的金箔片，上画刻有一篇佉卢文供养文。

佛塔形玻璃舍利容器

舍利塔塔身为玻璃制，其他部分为金制。舍利塔由四重塔刹、塔瓶和方形塔座构成，是典型的犍陀罗式舍利塔。

图4-16

第三单元 佛陀之光 丝路上的印度

图4-17

图4-18

片岩佛塔

　　石质，佛塔是各国为收纳分到的佛舍利而制作的，此塔上部为13重塔刹，中间为半圆形塔瓶，最下为方形塔座。塔瓶和塔座正面装饰着数个佛龛，雕刻细腻、精致。

焰肩佛坐像

　　迦毕试地方特有的富有重量感的坐佛像，面容柔和，有着波浪般的头发，与犍陀罗的文物较为相似。迦毕试地区的很多佛像源于犍陀罗。半闭眼结禅定印，肩上有燃烧火焰的佛像，在迦毕试地方很常见。贵霜王朝货币上的王侯像也是同样的肩上有火焰的设计。玄奘法师曾在《大唐西域记》里记载了一段有关迦毕试国的传说，"愿祈福力，于今现前！即于两肩起大烟焰"。这种肩上有火焰的设计，被认为具有降服恶龙的力量，就和金刚杵一样。

图4-17
片岩佛塔
犍陀罗
公元2世纪—4世纪
高100.5厘米、宽33厘米
藏品编号：100165

图4-18
焰肩佛坐像
阿富汗迦毕试
公元2世纪—3世纪
高39.5厘米、宽30厘米
藏品编号：104835

图4-19

菩萨交脚坐像

图4-19～图4-20
菩萨交脚坐像
阿富汗迦毕试
公元2世纪—3世纪
高67.5厘米、宽41厘米
藏品编号：104833

迦毕试位于阿富汗的中央地带，亚历山大大帝在兴都库什山脉的南麓盆地建立了该城市，同时也是迦腻色伽王的夏都所在地。玄奘法师在《大唐西域记》里记录，"异方奇货、多聚此国"。这一带的出土雕刻文物多为绿色的片岩，并且人物的下颚粗犷有力。印度自古以来的拱形佛龛中，游牧民族王侯一般交叉双腿盘坐，手结犍陀罗常见的转法轮印（说法印）。该展品上的人物未持任何物品，从束发垂发的发型和身上的装饰品来看，可以推断为弥勒菩萨。柱和台座中描绘的菩萨也是一样的姿态和装束。柱头部分是狮子身躯、猛禽头部且有翅膀的格里芬，台座左边是代表供养人的男女浮雕。

从地中海到中国 平山郁夫藏丝路文物

图4-21

图4-22

焰肩佛坐像

无论是样貌还是身躯都极具迦毕试地方的特征，是一尊有重量感的坐佛像。该佛像半闭眼结禅定印。拱形佛龛上有着怀抱散花用的花正在飞翔的天人们，拱形上方有右手举着太阳伞，左手拿着花束的因陀罗的身姿。据既往研究推测，拱形佛龛的对面应该有和帝释天相对应的梵天的身姿。这样把因陀罗和梵天放在一起的设计在迦毕试地区比较常见。台座下面雕刻的是游牧民族供养人的身姿。

图4-21～图4-22
焰肩佛坐像
阿富汗迦毕试
公元2世纪—3世纪
高63.5厘米、宽27厘米
藏品编号：104834

图4-23

图4-23～图4-24
佛陀立像
犍陀罗
公元2世纪—3世纪
高97厘米、宽35厘米
藏品编号：100083

佛陀立像

石质，为站在台座上的释迦佛立像。圆形背光周边饰有一圈树叶纹图案，内侧刻有佉卢文文字，台座雕刻有拜火教的场景。整体雕刻精美，衣纹线条流畅。

第三单元　佛陀之光　丝路上的印度

图4-24

图4-25

图4-26

佛陀立像

　　头部后面有圆盘状的头光,重心落在左脚上,左膝微微前倾,以一足承重、一足稍息的姿势站立,两肩均被僧衣包裹。犍陀罗的佛陀像和菩萨像几乎都是以重心落在一只脚上的形式加以表现的。此为典型的犍陀罗佛陀像,头稍微右偏,视线向下。这种佛陀的姿态在佛传故事的"幼儿布施"里比较常见。在塔赫特苏莱曼寺院遗址中也有类似的文物出土。手的状态据推测是右手持钵,左手提袈裟一角。这种设计只有在表现神格中才会使用。犍陀罗的佛陀立像通常都是在外行走的姿态。

图4-25~图4-26
佛陀立像
犍陀罗
公元2世纪—3世纪
高94厘米、宽40厘米
藏品编号:100080

图4-27

图4-27～图4-28
佛陀立像
犍陀罗
公元2世纪—3世纪
高109厘米、宽36厘米
藏品编号：100079

佛陀立像

　　这是典型的犍陀罗立佛像，右手施无畏印，左手提袈裟一角。这种立在莲花台座上的佛像实属罕见。施无畏印意味着救赎，来源于西亚的神像和王像。圆盘状的头光表现的是伊朗人思想中无量光世界里人即神的观念。佛像重心落在一只脚上的手法源于希腊美术。袈裟裹住两肩也是犍陀罗立式佛像的特征。莲花宝座象征着清净，即天上世界的存在，同时也被认为是"永远的佛陀"和"出现在未来的佛陀"的意思。台座中央是比丘对着舍利容器进行礼拜。

图4-28

图4-29

图4-30

佛陀铜立像

　　青铜质，雕塑的艺术风格上留有明显的犍陀罗佛像特征，头光和背光合为一体，其周围装饰着太阳的火焰纹。类似的佛像残存有数件。

图4-29～图4-30
佛陀铜立像
犍陀罗
公元5世纪—6世纪
高30.5厘米、宽14.5厘米
藏品编号：101945

图4-31

图4-31～图4-32
佛陀铜立像
巴基斯坦
公元7世纪
高68厘米、宽26.5厘米
藏品编号：102353

佛陀铜立像

　　青铜质，头发为螺发，耳垂较大，右手结施无畏手印，身着大衣，偏袒右肩，衣纹线条优美。是一件不可多得的青铜佛像。

第三单元 佛陀之光 丝路上的印度

图4-32

图4-33

图4-34

菩萨立像

　　菩萨是指处于开悟的预备状态中的修行者。菩萨像身上饰有豪华的璎珞，脚踏凉鞋，上半身裸露，袈裟裹在左肩上。罗马时代制作的亚历山大大帝像也是这种穿搭方式。在犍陀罗，带有包头巾式冠的一般都是刹帝利（战士）种姓出身的菩萨、释迦菩萨或是观音菩萨。从其左脚上袈裟和其左手手持莲花或花冈来推测，应为观音菩萨。

图4-33 ~ 图4-34
菩萨立像
犍陀罗
公元2世纪—3世纪
高111.5厘米、宽35厘米
藏品编号：100082

图4-35

图4-35～图4-36
弥勒菩萨立像
犍陀罗
公元2世纪—3世纪
高124.5厘米、宽41.5厘米
藏品编号：105085

弥勒菩萨立像

　　石质，弥勒菩萨立像。垂下的束发及胸饰象征菩萨本为婆罗门出身，背光和两手部分缺失。台座正面雕刻有拜火教活动的装饰场面。整体雕刻技艺精湛，衣纹线条立体感极强。

图4-36

图4-38

佛陀坐像

　　石质，着通肩袈裟，结跏趺坐，右手施无畏印，左手提袈裟的一角，典型的佛陀坐像。背光周缘饰锯齿纹，象征太阳的光芒或火焰。台座正面雕刻有单腿跪拜的比丘和花朵纹样。

图4-37～图4-38
佛陀坐像
犍陀罗
公元2世纪—3世纪
高43.5厘米、宽33厘米
藏品编号：100081

图4-39

图4-39～图4-40
灰泥佛陀坐像
犍陀罗
公元3世纪—4世纪
高43厘米、宽50厘米
藏品编号：101940

灰泥佛陀坐像

灰泥材质，为禅定印的佛陀坐像。是大型佛塔塔基侧面的装饰佛龛。先用范压模制而成，再做细部加工，最后着色。同类的佛像发现有很多，可见当时佛教的兴盛。

图4-41

图4-42

观音菩萨半跏思惟像

　　石质，为头戴本特冠饰的刹帝利形象的菩萨像，左手持莲花，倚坐在莲花之上的藤椅中，右脚压在左腿膝上。藤椅两端雕刻的男女形象似代表布施者。这种半跏思惟菩萨像在犍陀罗较为少见。

图4-41 ~ 图4-42
观音菩萨半跏思惟像
犍陀罗
公元2世纪—3世纪
高78.5厘米、宽36厘米
藏品编号：105086

图4-43

图4-43～图4-44
弥勒菩萨说法图
犍陀罗
公元1世纪—3世纪
高31.1厘米、宽30.5厘米
藏品编号：103803

弥勒菩萨说法图

  这是佛陀坐像台座正面的装饰用浮雕板。菩萨头发盘于头顶，戴着豪华的头饰和装饰，左手持净水瓶，交脚坐姿。这个发型曾经在希腊的年轻人中流行过，而裹着头巾手持水瓶的造型，是因为弥勒是出自婆罗门（古代印度祭司阶层）。水瓶里装着婆罗门做仪式用的圣水。交脚而坐的姿态常见于哈尔恰杨（乌兹别克斯坦）的王侯像，是游牧民族王侯贵族的坐姿。犍陀罗的观音菩萨像造像风格，后来流传至克孜尔千佛洞（第17窟等）、敦煌石窟（第275窟等），形成弥勒菩萨像。浮雕上站在前面的是手持供花的信徒，站在后面的是天神们。

图4-46

弥勒菩萨交脚坐像

石质，为弥勒菩萨交脚坐像，发型装饰明显受到希腊文化的影响，左手似持有净水瓶。胸部肌肉坚实，雕刻刚柔并举。

图4-45～图4-46
弥勒菩萨交脚坐像
犍陀罗
公元2世纪—3世纪
高62厘米、宽36.5厘米
藏品编号：102280

图4-47

图4-47～图4-48
菩萨坐像
犍陀罗
公元4世纪—6世纪
高23厘米、宽20厘米
藏品编号：102374

菩萨坐像

这是戴着豪华耳饰和头饰、两手结禅定印的冥想状菩萨坐像。通过头光表现出光芒四射的样子。这样的头光所使用的绿泥片岩多出现于和犍陀罗北部相邻的地区，该石像也被认为是出自这一地区。莲花座代表着天界净土和精神清净的状态。

第三单元 佛陀之光 丝路上的印度

图4-48

图4-50

观音菩萨半跏思惟像

这是在树下陷入沉思的菩萨像。在犍陀罗，凡是裹着头巾、手持莲花或花网的菩萨像都被认为是观音。此像是制造于犍陀罗的刹帝利形象的菩萨像和中国的弥勒信仰相结合的产物。弥勒像经由朝鲜半岛传到了日本。在菩萨像的脚旁有两位合掌的比丘，头部两侧有一对夫妇像，被认为是这个浮雕的供养者。站在莲花座上手持花网的形象，据推测，其表达的是受观音救赎升天的人们。

图4-49～图4-50
观音菩萨半跏思惟像
犍陀罗
公元4世纪—5世纪
高33厘米、宽24.6厘米
藏品编号：102359

图4-51

图4-51
树下冥想太子头像
犍陀罗
公元2世纪—3世纪
高38厘米、宽44厘米
藏品编号：102017

图4-52
佛陀头像
犍陀罗
公元2世纪—3世纪
高37厘米、宽23厘米
藏品编号：100091

树下冥想太子头像

石质，佛传故事中的内容之一，也称树下观耕。此件作品只残存了头部，有可能表现的是释迦太子头戴宝冠头饰，头饰中间刻有一象征佛陀的狮子头像。菩提树树叶繁茂，呈拱形环绕在头像周围。

佛陀头像

石质，典型的犍陀罗佛陀像头部，发型表现为波浪形，眉间白毫处原似镶嵌有宝石，耳垂较大并饰有耳孔，整体造型优美。

图4-52

图4-53

图4-54

佛陀头像　灰泥

灰泥材质的佛陀头部，雕刻细腻，佛陀面部静谧柔和，眼睛和嘴角的微笑堪称极致。

佛陀头像　灰泥

佛陀头像有着整齐的发际线，这种固定形式化的发型，是因为用了统一的大模具压制而成。眉间的白毫是用红线画出的圆形妆纹，这是从中亚传来的表现手法。眼睛是犍陀罗特有的半闭状，红线将面容的立体感显示了出来。耳垂的大孔还留着曾经有过耳饰的痕迹，从大小可以看出该展品是把佛陀的形象表现为一个王侯贵族的形象。

图4-53
佛陀头像　灰泥
犍陀罗
公元3世纪—4世纪
高29厘米、宽15.5厘米
藏品编号：102950

图4-54
佛陀头像　灰泥
犍陀罗
公元3世纪—4世纪
高36.5厘米、宽23.5厘米
藏品编号：102072

图4-55

图4-55
佛陀头像　灰泥
犍陀罗
公元5世纪—6世纪
高21厘米、宽11.3厘米
藏品编号：102074

图4-56
佛陀头像　灰泥
犍陀罗
公元3世纪—5世纪
高45.5厘米、宽25厘米
藏品编号：101076

佛陀头像　灰泥

以混合着灰泥的黏土石膏制作的佛陀头部，有着巨大耳孔的耳朵和如冥想般半闭双眼的安详神情。头发的表现和犍陀罗的波浪形不同，是印度笈多佛像常见的螺髻发。制作年代应处于相对晚期。

佛陀头像　灰泥

灰泥质，佛陀头部先用范压制塑造而成，再施化妆土，其上再施彩绘。双眼半睁半闭的样式是为表现佛陀思虑深刻的神态。

图4-56

图4-58

菩萨头像

灰泥质菩萨头部,头戴宝冠发饰,耳饰较大,面部祥和。红褐色线勾绘的花型白毫相的方法经西域传到中国,又传到了日本。

佛陀头像 灰泥

这是佛陀像逐渐巨型化时代的初期作品。公元400年左右,从中国前往天竺(印度)求法的高僧法显曾记载,在巴基斯坦北部的陀历国,有高8米的弥勒菩萨坐像。(《法显传》第二章)。该头部出土于犍陀罗北方斯瓦特地区。眉毛和鼻梁间连贯的线条是犍陀罗佛像的特征,整齐的发际线和双耳形状与哈达(阿富汗东部)出土的文物相似。眉间的巨大伤痕显示着在应有白毫的地方曾经镶嵌过较大的宝石或者水晶。

图4-57
菩萨头像
犍陀罗
公元3世纪—4世纪
高24厘米
藏品编号:101217

图4-58
佛陀头像 灰泥
犍陀罗
公元4世纪—5世纪
高64厘米、宽44.5厘米
藏品编号:100094

图4-59

图4-59
菩萨头像
犍陀罗
公元3世纪—4世纪
高23.5厘米
藏品编号：101913

图4-60 燃灯佛授记 本生故事浮雕
犍陀罗
公元2世纪—3世纪
高42.8厘米、宽33厘米
藏品编号：101948

菩萨头像

灰泥质菩萨头像，塑像颜色保存较好，菩萨容貌可能仿照当时王侯贵族的样子制作。因眉间有白毫相的痕迹，所以可以判定为菩萨。

燃灯佛授记 本生故事浮雕

石质，燃灯佛授记为释尊前世的故事之一。释迦牟尼的前世为一婆罗门青年云童（斯美达）。雕像中间为燃灯佛，右侧为云童正向卖花姑娘买花的场面。

图4-60

图4-61

图4-62

佛传浮雕（诞生）

　　石质，这是一件佛传故事题材的浮雕作品。刻画了在蓝毗尼园，摩耶夫人腋下生出太子的场面。中间为摩耶夫人，右腋下为刚出生的太子，左边为双手接太子的帝释天。

图4-61～图4-62
佛传浮雕（诞生）
犍陀罗
公元2世纪—3世纪
高28厘米、宽32厘米
藏品编号：101440

图4-63

图4-64

佛传浮雕（托胎灵梦·占梦·归乡·诞生）

石质，是佛塔侧面雕刻的一组表现佛传故事内容的浮雕作品。内容有托胎灵梦、占梦、归乡、诞生等四个故事。整体雕刻细腻、精美。

图4-63～图4-64
佛传浮雕（托胎灵梦·占梦·归乡·诞生）
犍陀罗
公元2世纪—3世纪
高18厘米、宽76厘米
藏品编号：100108

图4-65

图4-65～图4-69
佛传浮雕（诞生·出城·成道·初转法轮）
（206页至208页）
犍陀罗
公元1世纪—3世纪
高15厘米、宽34厘米
藏品编号：103788

佛传浮雕（诞生·出城·成道·初转法轮）

  方形体的内侧有着矩形的贯穿型镂空，被认为是佛塔底座上放置舍利容器的地方。四面绘制着佛传图，包括佛陀诞生——悉达多太子在蓝毗尼的无忧树下从摩耶夫人的右腋出生；出城（夜半逾城）——悉达多太子为了求佛法半夜骑马离开城市；成道——天人们在礼拜佛陀，结跏趺坐施无畏印的佛陀接受帝释天、梵天的礼拜；初次说法（初转法轮）——剃度的比丘们迎接佛陀于鹿野苑说法。柱子后的法轮代表着佛陀的教谕。

图4-66

图4-67

图4-68

图4-69

图4-70

佛传浮雕（学习）

高高的椅子上坐着的是教师众友仙人，悉达多太子在他的右边交叉双腿而坐，用笔在木板上写字。根据佛教经典，当时太子的识字水平已经超越了老师。悉达多太子的木板上刻着当时犍陀罗使用的佉卢文。悉达多太子的上方有同样手持习字板的学友，右边有手持墨壶的侍者。现在巴基斯坦的某些地方还在使用着同样的木板和笔。

图4-70
佛传浮雕（学习）
犍陀罗
公元2世纪—3世纪
高25厘米、宽22厘米
藏品编号：102781

图4-71

图4-71～图4-72
佛传浮雕（婚礼）
犍陀罗
公元2世纪—3世纪
高19.8厘米、宽34.7厘米
藏品编号：102779

佛传浮雕（婚礼）

表现的是有头光的悉达多太子和身着长长的婚礼服装的耶输陀罗手牵手走在火堆边上的婚礼场面。手持象征着皇权的华盖的侍者和擎新娘裙摆的侍女，表现了操持婚礼的婆罗门出身的女性形象。如今的印度在结婚仪式上也有绕行火堆的传统。

图4-72

从地中海到中国 平山郁夫藏丝路文物

图4-73

图4-74

佛传浮雕（出城）

　　石质，为佛传故事中的内容之一。表现太子深夜逾城出家的场景。画面中间为骑着马的太子，身后为象征王权的伞盖，马蹄下有为不出声音而托举马蹄的夜叉。

图4-73～图4-74
佛传浮雕（出城）
犍陀罗
公元2世纪—4世纪
高48.8厘米、宽33.5厘米
藏品编号：102172

图4-75

图4-75～图4-76
祠堂形佛传浮雕（降魔成道与四天王奉钵）
犍陀罗
公元3世纪—4世纪
高80厘米、宽52厘米
藏品编号：102283

祠堂形佛传浮雕（降魔成道与四天王奉钵）

石质，外形像祠堂入口，故称祠堂形浮雕。此浮雕最下端为降魔成道，中间为四天王奉钵。整体雕工精湛、细致。堪称雕刻艺术的杰作。

图4-78

佛传浮雕（菩提座）

石质，佛传故事中的内容之一。讲述佛陀为菩萨时于菩提树七次巡礼膜拜的故事。中间为佛陀，右侧台座后面为菩提树之神，左侧为执金刚神和比丘。

图4-77～图4-78
佛传浮雕（菩提座）
犍陀罗
公元2世纪—3世纪
高55.6厘米、宽48.4厘米
藏品编号：100124

图4-79

图4-79～图4-80
佛传浮雕（四天王奉钵）
犍陀罗
公元2世纪—3世纪
高45厘米、宽59厘米
藏品编号：100120

佛传浮雕（四天王奉钵）

石质，该浮雕表现的是释迦牟尼成道后，考虑用什么食器吃饭的时候，四天王献上了托钵。浮雕中间为身形稍大的释迦牟尼佛，左右为四天王。

图4-82

佛传浮雕（初转法轮）

　　石质，为最重要的佛传故事之一，讲述佛陀得道后在鹿野苑第一次说法的故事。中间柱子上的三个车轮代表的是佛、法、僧三宝，佛陀旋转车轮为法轮，象征佛陀说法。柱子右侧为佛陀，手触柱子，表现法轮旋转，意喻初转法轮。身后为执金刚，柱子左侧为众弟子。

图4-81～图4-82
佛传浮雕（初转法轮）
犍陀罗
公元2世纪—3世纪
高65厘米、宽75厘米
藏品编号：100213

图4-83

佛传浮雕（涅槃）

图4-83 ~ 图4-84
佛传浮雕（涅槃）
犍陀罗
公元2世纪—3世纪
高26.9厘米、宽35.2厘米
藏品编号：102170

佛传浮雕（涅槃）

石质，装饰题材，也是最重要的佛传故事之一，刻画了佛陀在拘尸那揭罗的娑罗双树下涅槃的故事。画面构图中间为侧卧的佛陀，床前结跏趺坐的是直到佛陀涅槃之前，都一直在听说法而皈依的佛最后度化的弟子须跋陀罗。

图4-86

佛传浮雕（纳棺）

根据佛教经典记载，住在佛陀涅槃之地拘尸那揭罗（印度）的玛鲁拉族人问佛弟子阿难，该如何处理佛陀的遗体时，阿难说："要像处理一位能支配世界的帝王的遗体一样来处理佛陀的遗体。"于是遗体被用新布和棉反复包裹了五百层后，放入了铁质的油槽中，外面又套上了一个铁槽。

中央是被安置在娑罗双树中间的平台上的棺材，周围都是悲伤的举着右手或双手合十的弟子，还有带着空洞眼神手持驱魔杖的弟子。这是佛弟子们在跟佛陀的遗体告别。棺材前的灯火据推测是引导并保护死者的灵魂安全前往冥界的象征。表现这一场景的作品在出土文物中极为少见。

图4-85～图4-86
佛传浮雕（纳棺）
犍陀罗
公元2世纪—3世纪
高48厘米、宽50.6厘米
藏品编号：100128

图4-87

图4-87～图4-88
佛传浮雕（搬运佛舍利）
犍陀罗
公元2世纪—4世纪
高24厘米、宽25厘米
藏品编号：100115

佛传浮雕（搬运佛舍利）

石质，为佛传故事之一，表现的是八王分佛舍利之后载着舍利归国的场面。雕刻作品前面为托着宝箱的双峰骆驼，左侧为吹着口哨的王子。人物形象和骆驼都雕刻得栩栩如生。

图4-90

奏鲁特琴的海神特里同浮雕

石质。特里同为镇海之神，保佑航海、捕鱼的人们。在希腊神话里，特里同也有召唤、诱导死者的灵魂回故里的职能，所以常有其吹笛奏乐的浮雕。

图4-89～图4-90
奏鲁特琴的海神特里同浮雕
犍陀罗
公元1世纪—3世纪
高21.5厘米、宽28厘米
藏品编号：103119

图4-91

图4-91～图4-92
阿特拉斯像石雕
犍陀罗
公元2世纪—3世纪
高35.2厘米、宽30.4厘米
藏品编号：102772

阿特拉斯像石雕

石质，阿特拉斯为希腊神话中的擎天神。雕像为蹲坐状，身体和头部稍微右转，浑身肌肉坚实且隆起，令人震撼。

图4-92

图4-94

吹奏双笛的海神特里同浮雕

石质,为特里同吹奏双笛的场面。这种双笛是发源于小亚细亚的一种乐器,后传播到犍陀罗地区。

图4-93～图4-94
吹奏双笛的海神特里同浮雕
犍陀罗
公元1世纪—3世纪
高22厘米、宽24.5厘米
藏品编号:103118

图4-95

图4-95～图4-96
婆罗门像浮雕
犍陀罗
公元2世纪—3世纪
高53厘米、宽45.5厘米
藏品编号：100113

婆罗门像浮雕

婆罗门自古以来就是印度的祭祀阶层，他们在作品中的形象通常是头顶盘发，剩下的头发自然下垂，左手持有装着仪式用的圣水的水瓶。修行者和仙人都身着及膝的简易服装。目前还不知道该展品所体现的是什么场景。但通过挂着拐杖的老者们的视线来推测，这应该是在表现释迦牟尼的佛陀生涯（佛传）的一个场景。

图4-98

鬼子母神

据传说,鬼子母曾经不分日夜地盗取王舍城中的孩子吃,在被释迦牟尼教化后,她就变成了佛门弟子,并且成为保佑母子平安和小孩子健康成长的善神。玄奘法师在《大唐西域记》中记载过犍陀罗的鬼子母佛塔。鬼子母的周围总是有很多男孩子,但被抱在左腕或者膝盖上的只有她的小儿子平伽罗会。在法尔哈德、贡古、亚拉和雅尔湖等地也有同样的作品出土。中国也有信仰鬼子母的传统。

图4-97～图4-98
鬼子母神
犍陀罗
公元2世纪—3世纪
高48厘米、宽21.7厘米
藏品编号:100146

图4-99

图4-99～图4-100
鬼子母与般阇迦石雕
犍陀罗
公元2世纪—4世纪
高25.5厘米、宽21.7厘米
藏品编号：103443

鬼子母与般阇迦石雕

　　石质，怀抱孩童者为鬼子母神，是丰收、多产的女神。另一位是其丈夫般阇迦，既是武神也是财富之神。他们常表现为与孩子在一起的夫妇坐像。

图4-101

图4-102

图4-101～图4-103
骑马狩猎图浮雕
犍陀罗
公元2世纪—4世纪
高16.5厘米、宽96厘米
藏品编号：100111

骑马狩猎图浮雕

　　石质，整体横长型构图，其表面细致地雕刻有狮子、有翼狮子、牛等猎物，以及骑在马上的勇敢的狩猎者。整体雕刻生动，构图饱满。

图4-103

图4-104

图4-104
通往净土的旅程浮雕
犍陀罗
公元2世纪—4世纪
高24厘米、宽44厘米
藏品编号：102176

图4-105
执金刚神（赫拉克勒斯）
头像
犍陀罗
公元3世纪—4世纪
高31厘米、宽20厘米
藏品编号：102995

通往净土的旅程浮雕

石质，整体为波浪形蔓草装饰，中间为两头双峰骆驼拉着的战车，战车上为两个伊朗系人物。右侧手持花环者应为希腊神话中的酒神狄俄倪索斯。

执金刚神（赫拉克勒斯）头像

黏土质头像，一般认为表现的是赫拉克勒斯，赫拉克勒斯为希腊神话中的大力神和英雄，其形象常借用到佛陀身边的执金刚的身上。此头像雕刻手法娴熟，色彩保留较好，栩栩如生。

第三单元 佛陀之光 丝路上的印度

图4-105

图4-106

图4-107

王侯供养者胸像

这是以佛陀为中心的浮雕的一部分。他视线看着的方向应该就是佛陀。这是一个头戴王冠，有着豪华的三叉状披肩，蓄着胡须的精悍人物，应该是皈依佛教并支持着教团的众多王侯中的一位。这个极具特征的披肩，最初见于犍陀罗和秣菟罗等地浮雕中的贵霜王侯形象。后来它跨越了时代，在阿富汗的巴米扬和丰都斯坦、克什米尔地区的特殊佛像上，甚至粟特地区的壁画上也都出现过，但至于流传的过程和经过尚不得而知。

石狮

百兽之王狮子的设计虽说源自西亚，但就像带着法轮的鹿野苑（印度）的阿育王王柱头部一样，在古印度的阿育王时代就被视为佛陀的象征。就如"佛陀说法"被喻为"狮子吼"所体现的一般，佛陀与狮子联系紧密。印度的桑奇第一塔和阿马拉瓦蒂的浮雕上的佛塔，就在栏楯四方的塔门旁配置了狮子像。犍陀罗的这一狮子像也被认为曾摆放在佛塔周围。

图4-106
王侯供养者胸像
犍陀罗
公元3世纪—4世纪
高15厘米、宽11.6厘米
藏品编号：102161

图4-107
石狮
犍陀罗
公元2世纪—3世纪
高48厘米
藏品编号：101995

图4-108

图4-108
女性供养者头像
犍陀罗
公元2世纪—3世纪
高27厘米、宽25厘米
藏品编号：101575

图4-109
供养者胸像
犍陀罗
公元2世纪—4世纪
高19.4厘米、宽14.4厘米
藏品编号：102022

女性供养者头像

这是向佛陀礼拜的一位女信徒的头部。虽然工匠是根据真人的面部特征来雕刻的，但缺乏能够判别其族属的特征，尽管发型有一定特征。不过，从其等大的头部来看，这应该是一位地位非常高且家境富裕的女性，为支持佛教发展和教团运营做出过实际的贡献。

供养者胸像

从豪华的首饰和右手拿着的花一样的物品来看，很像是散花的信徒，但是戴有装饰的发型是佛陀式的头顶盘发，衣着也是右肩裸露，并且是穿着外套的佛陀样式，因此被认为是"装饰佛陀像"。身着如此饰品的佛陀像始自哈达，在以巴米扬萨尔达鲁丘等地为中心的阿富汗地区流传，在乌兹别克斯坦的法耶斯丘地等地也有出土。玄奘法师也记载过巴米扬西大佛的宝饰绚烂。

图4-109

图4-110

图4-111

伊朗系王侯供养人

这是哈尔恰杨（位于乌兹别克斯坦）出土的贵霜王朝阎膏珍皇帝和迦腻色伽一世时期的黏土头像。通过发达的胡须和发鬓以及线条分明的精悍容貌推测，这应该是个贵霜族人或伊朗系游牧民。由于头上戴着一个圆形王冠，所以这应该是个王侯的雕像。

老人供养者头像

它让人想起典型的婆罗门，盘发于头顶，鬓角蓄发，脸颊偏瘦。但他却裹着包头巾，这类包头巾是王族战士阶层（刹帝利）的特征。由于该展品的头巾上没有华丽的装饰品，所以可能是位下级战士。

图4-110
伊朗系王侯供养人
犍陀罗
公元2世纪—3世纪
高24.5厘米、宽17.5厘米
藏品编号：101572

图4-111
老人供养者头像
犍陀罗
公元3世纪—4世纪
高31.8厘米、宽17.5厘米
藏品编号：103483

图4-112

图4-112
王侯供养者头像
犍陀罗
公元4世纪—5世纪
高23厘米、宽13.8厘米
藏品编号：103001

图4-113
童子供养者头像
犍陀罗
公元4世纪—5世纪
高18厘米
藏品编号：102181

王侯供养者头像

这是一位游牧民族的王族青年像。其特征是戴有圆形王冠，发型很有特点，面貌精悍，蓄有胡须。这类人被称为信徒，正因为有他们皈依佛门，所以教团或佛教文化才得以蓬勃发展。在佛传图浮雕上和祠堂的佛陀周边常常会雕刻上这些人的身影。此类形象皆按照时人肖像来雕刻，因此是非常宝贵的资料。

童子供养者头像

只留下一部分头发的特殊童子发型，不仅出现在犍陀罗，也常见于阿富汗（绍特拉克出土的童子像）和西域（米兰出土的壁画或苏巴什出土的舍利容器中描绘的爱神）。起源不明，据说是从中亚传到中国而后又流入日本的。日本将这种发型的孩童叫作"唐子"。该展品应是一位来自有贡献于佛教的家庭的少年之头部。

图4-113

图4-114

图4-115

菩萨头像

从先史时代起就被誉为圣地的秣菟罗位于印度中北部,亚穆纳河右岸,开始制作佛像的时间稍晚于贵霜王朝时期的犍陀罗。这一地区是在希克利特产的黄斑点红砂岩上雕刻佛像,材质和风格都和犍陀罗迥然不同,独具特色。菩萨头像虽说也是裹着头巾、眉间有白毫,但却没有胡须,脸上富有肉感,头巾上也没有镶嵌犍陀罗佛像上常见的金属和宝石。包头巾的前面装饰的是印度的灵鸟迦楼罗。

佛塔浮雕

阿马拉瓦蒂是印度东南部的一个小城,因出土过直径达49米的巨大佛塔遗迹和许多浮雕而闻名于世。公元2世纪中期是该地区佛像制作最为鼎盛的时期。他们利用石灰岩的特质创作了很多具有南印度特色的精致的浮雕,被用来装饰在大佛塔的基坛侧面。据推测该展品也是这类用途的浮雕。阿马拉瓦蒂大塔的特征是基坛的四个方向有长方形的伸出结构,每个伸出部分都有被称为"阿雅卡"的五根柱子,没有设计塔门。我们可以想象到大塔整体的风姿。浮雕上栏楯入口处雕有狮子像。平顶部的不是伞盖,而是柱子。

图4-114
菩萨头像
印度马土拉
公元2世纪—3世纪
高36厘米、宽21.5厘米
藏品编号:100533

图4-115
佛塔浮雕
印度阿马拉瓦蒂
公元2世纪—3世纪
高104.2厘米、宽81.3厘米
藏品编号:105429

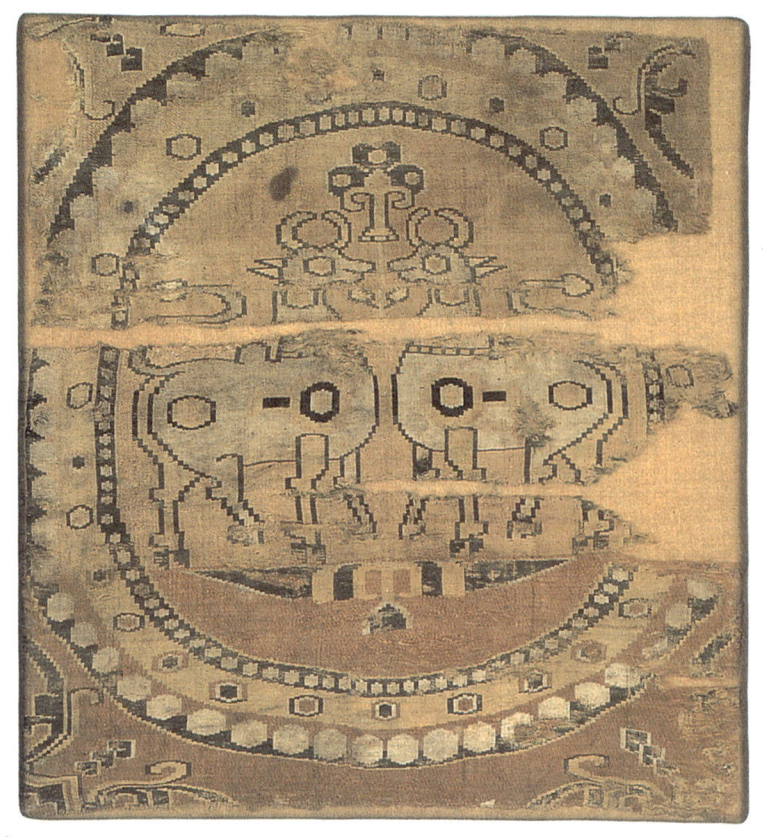

图4-116

图4-116～图4-117
双瘤牛联珠纹锦
中亚
公元8世纪—9世纪
高42厘米、宽40厘米
藏品编号：501406

双瘤牛联珠纹锦

在联珠图案中，有两头以圣树为中心相对而立的瘤牛形象。这种设计在中亚到中国西域曾经流行过。瘤牛的头部、躯干和脚均被简略处理，显示出其时代的久远。

图4-119

黄地天马纹纬锦

这是相对而立的正在吃草的两匹天马的编织物。天马的头和足部均缠有象征着祝福的绶带，缰绳和翅膀的中央有联珠带。该编织物原本应该是男性长衫上的一部分。

图4-118～图4-119
黄地天马纹纬锦
中亚
公元8世纪—9世纪
高110厘米、宽67.4厘米
藏品编号：501991

图4-120

图4-120～图4-121
绿地圣树双鹿纹纬锦
中亚
公元8世纪—9世纪
高16.2厘米、宽71.4厘米
藏品编号：501432

绿地圣树双鹿纹纬锦

绢质，缂丝材料中心配置垂直的圣树，圣树两侧为两头相对的以后腿站立的长角鹿，周围配置椭圆形联珠纹，工艺精湛，图案秀丽，保存完好。

第三单元 佛陀之光 丝路上的印度

图4-121

图4-122

图4-122～图4-123
女神像
阿富汗
公元6世纪—7世纪
高57厘米、宽22厘米
藏品编号：104712

女神像

这是一个戴着手镯身穿腰衣的丰满的印度女子，她将童子（头部缺损）放在自己的左肩上。她这样的身姿，可能是来源于希腊女神阿芙罗狄忒，但也看上去像犍陀罗的诃梨帝（诃梨帝母·鬼子母神）像。本品是后者的可能性较大。

图4-123

第三单元 佛陀之光 丝路上的印度

图4-124

图4-125

女神像

  这是一个据传在兴都库什山脉中的巴米扬地区出土的木雕像,由于未曾出现过类似的雕像,所以很贵重。作品以树木作为背景,两腿交错站立的姿态,让人联想起印度的女神亚克西。阿富汗女性的体型和薄薄的衣服等都是印度式的,不知到底是佛教的还是印度教的。

图4-124 ~ 图4-125
女神像
阿富汗
公元6世纪—7世纪
高69厘米、宽25厘米
藏品编号:104711

图4-126

图4-126
亚历山大三世像银币
东地中海地区
公元前336—前323年
径2.6厘米、重17.2克
藏品编号：300021

亚历山大三世像银币

该展品为因东征而闻名于世的亚历山大大帝（马其顿王，在位于公元前336—前323年）的四德拉克马钱币。钱币的正面是从亚历山大自身比拟的希腊英雄赫拉克勒斯身披尼米亚的狮子皮毛的头部肖像。钱币背面表现的是坐在王座上的宙斯，右手上停着一只鹫。

图4-127

帕提亚帝国米特里达梯一世像银币

为帕提亚帝国（阿尔沙克王朝）的国王米特里达梯一世时期的四德拉克马银币。当时的国王频频与周边国家为敌，不断扩张帕提亚的领土面积。银币正面的国王肖像十分写实，银币背面是手持酒杯和棍棒的英雄赫拉克勒斯。

图4-127
帕提亚帝国米特里达梯一世像银币
伊朗
公元前171—前138年
径2.4厘米、重15.23克
藏品编号：300186

图4-128

图4-128
帕提亚帝国弗拉特斯四世像银币
伊朗
公元前37—前2年
径2.1厘米
藏品编号：300009

帕提亚帝国弗拉特斯四世像银币

为帕提亚帝国（阿尔沙克王朝）的国王弗拉特斯四世时期的银币（公元前37—前2年）。强调人物头发和须髯的表现手法具有帕提亚美术的特征。弗拉特斯四世曾与罗马开战，后来讲和，最终被罗马赠予他的妻子穆萨所杀。

图4-129

国王·波塞冬像银币

　　为希腊巴克特里亚王朝的安提马库斯·狄奥斯时期（安提马库斯一世，公元前185—前170年）的四德拉克马银币。正面是带有圆形马其顿织帽的国王像。背面是手持三叉戟的海神波塞冬像。

图4-129
国王·波塞冬像银币
巴克特里亚
公元前185—前170年
径3厘米、重16.11克
藏品编号：300024

图4-130

图4-130
欧克拉提德一世像银币
巴克特里亚
公元前171—前156年
径3厘米、重16.8克
藏品编号：300477

欧克拉提德一世像银币

为希腊巴克特里亚王朝的国王欧克拉提德一世时期（在位于公元前171—前156年）的四德拉克马银币。欧克拉提德斯从巴克特里亚南下，征服印度，战功赫赫，银币上的国王像也颇具王者风范。只见他持枪而立，后背筋肉突起。银币背面印有孪生神灵狄俄斯库里兄弟（卡斯托耳与波鲁克斯）的骑马像。

图4-131

国王骑马像银币

该展品为印度塞西亚王朝的阿吉利瑟斯(在位于公元前57—前35年)的四德拉克马银币。塞西亚王朝为中亚的游牧民族,后打败印度孔雀王朝,并在其上重建了一个王朝,掌控了犍陀罗地区。这个时期刻于银币上的国王像不再是肖像或是胸部以上的塑像,而是全身像。阿吉利瑟斯的银币极具游牧民族风格,携弓骑马。银币背面是持枪的的孪生神灵狄俄斯库里兄弟。

图4-131
国王骑马像银币
犍陀罗
公元前1世纪中叶
径2.8厘米、重9.69克
藏品编号:300043

图4-132

图4-132
国王·风神像金币
犍陀罗
公元1世纪—2世纪
径2.4厘米、重15.91克
藏品编号：300204

国王·风神像金币

  为贵霜王朝的第三代国王阎膏珍（在位于公元95—127年，迦腻色伽一世的父亲）的金币。金币正面以崭新的表现手法将君王的肖像刻于岩山（或是云）上。两肩上面喷出火焰，象征着超人的能力。金币背面是骑着瘤牛、手持三叉矛的风神万德。

图4-133

迦腻色伽一世像金币

为贵霜王朝的迦腻色伽一世（公元2世纪中期在位）时期的金币。迦腻色伽一世因推崇佛教被世人所知，也因此开创了佛教美术的黄金时代。金币表面是国王的全身像，右手举着拜火神坛，左手持枪。身穿长衣长裤，极具骑马民族特色。金币背面是四臂的湿婆立像。除此之外，迦腻色伽一世金币的背面还有佛陀、太阳神密特拉、风神等各式各样的神的姿态。

图4-133
迦腻色伽一世像金币
犍陀罗
公元2世纪
重7.97克
藏品编号：300282

图4-134

图4-134
萨珊波斯沙普尔一世像银币
伊朗
公元241—272年
径2厘米、重7.4克
藏品编号：300378

萨珊波斯沙普尔一世像银币

为萨珊王朝的第二代国王沙普尔一世时期（公元241—272年）的第纳尔金币。沙普尔一世在埃德萨之战中俘虏了军人出身的皇帝瓦勒良，甚至远征到了中亚的贵霜。金币的正面带有球形装饰，刻有头戴城壁冠的国王肖像；背面是琐罗亚斯德教的拜火坛和两位神官。

图4-135

萨珊波斯阿尔达希尔三世像银币

该品为萨珊王朝末期，9岁即夭折的阿尔达希尔三世（公元628—629年）时期的德克拉马银币。银币表面刻有国王的肖像，国王头戴的冠式为用鹫羽翼围着的球体，银币背面是拜火教的神坛和两位神官。

图4-135
萨珊波斯阿尔达希尔三世像银币
伊朗
公元628—630年
径3.1厘米
藏品编号：300224

图4-136

图4-136 ~ 图4-137
雅典娜头像银币
希腊雅典
公元前449—前413年
重17.19克
藏品编号：300022

图4-137

雅典娜头像银币

这是一枚吉西亚的帝都雅典的德克银币。据称,一德克相当于一个劳动者一天的薪酬,它的表面是守护女神雅典娜的侧脸,反面是雅典的圣鸟——枭,枭的口中衔了一支带着果实的枝条。雅典有着优质的银矿山,矿山为雅典的繁荣做出了贡献。

第四单元 梦回敦煌

敦煌"以其广开西域，故以盛名"，是丝绸之路上的咽喉要道。在敦煌，东西货物在此交会，不同文明的交会成就了敦煌在历史上、艺术上的辉煌。

平山郁夫先生自1979年首次来到敦煌后，便与敦煌结下不解之缘。他一生曾70多次沿丝绸之路考察敦煌文化，并留下了大量绘画作品。

图5-1

图5-1
持莲华菩萨
敦煌莫高窟第260窟　北魏
1979年
39.5×31.3厘米

持莲华菩萨

这是画家平山郁夫于1979年首次访问敦煌时绘制的水彩素描，临摹的是北魏初期开凿营建的敦煌莫高窟第260窟的菩萨立像。访问敦煌是平山郁夫很早就有的梦想。他通过这次访问得以接触到日本美术的源流，并从此投身于敦煌莫高窟的保护活动中。

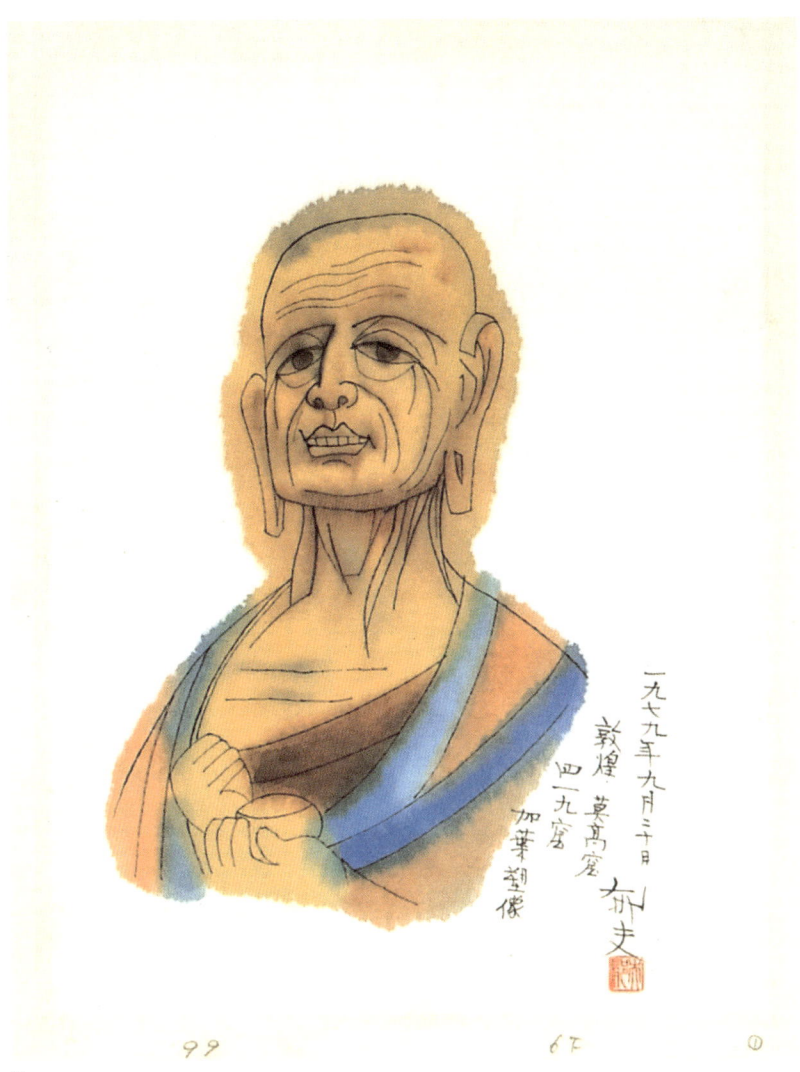

图5-2

迦叶塑像

　　水彩素描临摹的是敦煌莫高窟第419窟的迦叶塑像,迦叶即释迦牟尼十大弟子之首。迦叶在佛传故事中释迦牟尼涅槃时登场的情景令人印象深刻。拘尸那迦的人们为释迦牟尼举行葬礼,欲点燃遗体举行茶毗,却始终无法成功引火,此时未能赶上释迦圆寂时刻的迦叶从远方赶来,释迦牟尼遂从棺中示现出了双足,于是迦叶对着双足行礼,礼毕后,茶毗之火立即燃烧起来。

图5-2
迦叶塑像
敦煌莫高窟第419窟　隋代
1979年
40×30.5厘米

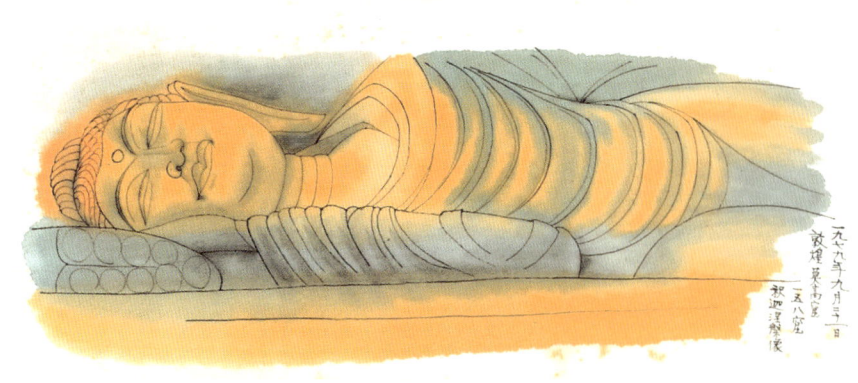

图5-3

图5-3
释迦涅槃像
敦煌莫高窟第158窟　中唐
1979年
71×30厘米

图5-4
菩萨像
敦煌莫高窟第57窟　初唐
1999年
93.5×33.7厘米

释迦涅槃像

　　水彩素描临摹的是敦煌莫高窟第158窟的释迦牟尼涅槃的塑像。释迦牟尼身体右侧朝下，横卧于寝台之上。据佛传所言释迦牟尼80岁时，因为吃了铁匠纯陀施舍的不洁饮食而逝世于拘尸那迦。外道须跋陀罗在释迦牟尼身旁，听了他最后的说法，顿时开悟。因为不忍看释迦涅槃，于是自己先一步圆寂。而释迦牟尼则在阿难等弟子的簇拥下，于娑罗双树下圆寂。

菩萨像

　　素描作品所临摹的是敦煌莫高窟第57窟（初唐时期）南壁中央说法图的胁侍菩萨。该菩萨像姿势为三屈法，表情优雅端庄，线条流畅温和，重心稍倾于右足，腰微微弯曲。头部戴有宝冠、耳饰，身体部分佩有胸饰、璎珞、腕钏、臂钏等装饰品。菩萨宝冠中央可见化佛，故推测该像为观世音菩萨像。本品为1999年NHK特别节目录制组在敦煌拍摄期间平山郁夫所作的素描。他用两张画纸展现出了敦煌最美菩萨像，精妙地捕捉到了壁画上菩萨的神韵。

第四单元 梦回敦煌

图5-4

图5-5

图5-5
敦煌莫高窟
1991年
31.5×24厘米

敦煌莫高窟

平山郁夫的文化遗产保护活动是从敦煌莫高窟开始的。通过对世界各地文化遗产的一系列写生取材,他意识到在这些文化遗产中"有超越国家和时代的普世价值,然而这些文化遗产并不是都处在一个理想并且安全的环境下被人所守护着,这种情况让人感觉担忧"。为了"保护重要的文化遗产免受灾祸,保存修复受损的文物后继续传给后世",平山郁夫投身世界文化遗产保护活动,并以行动感染了很多人,为文化遗产保护活动培养了许多人才。正因为有了他们,敦煌的莫高窟等众多文化遗产才得到了更好的保护。

图5-6

敦煌莫高窟

  平山郁夫非常喜欢从鸣沙山俯瞰莫高窟和远眺三危山这一壮观的构图形式。在1985年发表了以同样构图和视角描绘的著名作品《敦煌鸣沙》《敦煌三危》。这两幅作品现藏于成川美术馆。后来,平山郁夫对两幅作品追记道:"敦煌有492座石窟,是沙漠中的佛教艺术画廊,是人类宝贵的文化遗产。然而我们更需要知道的是,敦煌石窟是被大自然——鸣沙山以及相对而立的三危山所环抱保护着才能留存至今的。"这也是画家采用这一独特构图的原因。

图5-6
敦煌莫高窟
1994年
33.5×26.2厘米

图5-7

图5-7
三藏法师玄奘的道路
1979年
35.5×52厘米

三藏法师玄奘的道路

这册素描本,是平山郁夫首次访问魂牵梦绕的敦煌时所使用过的。在敦煌期间,平山郁夫每天素描本都不离身,将所到之处所见之景全都绘制了下来。在平山郁夫位于镰仓的工作室里,现在还保存着近600册的素描本。平山郁夫生前说过,"眼睛在看的同时,手就要动起来","就像跑马拉松或者做体操一样,必须培养眼睛、手和大脑的一致性,心眼手的练习让身体形成条件反射,要长期不断地做观察、感受、绘制的训练"。

图5-8

三藏法师玄奘的道路

这册素描本,是1968年夏天平山郁夫首次访问阿富汗时使用过的,极具纪念意义。对于年轻的平山夫妇来说,这是第一次海外旅行。后来平山郁夫为追寻三藏法师玄奘的足迹,频频往返于丝绸之路,旅行总数超过了150次。这册素描本记录的正是平山郁夫为追寻佛教源头踏上丝绸之路的开始。

图5-8
三藏法师玄奘的道路
阿富汗
1968年
41×69.5厘米

平山郁夫年谱

从地中海到中国　平山郁夫藏丝路文物

1930年	6月15日，出生于广岛县丰田郡濑户町。
1945年	8月6日，学生时期因参加生产劳动于广岛陆军兵工厂遭遇原子弹爆炸。
1947年	4月，进入东京美术学校（现东京艺术大学）日本画科预科学习。
1949年	10月，在京都、奈良开始写生之旅。
1952年	自东京美术学校日本画科毕业后，进入东京艺术大学美术学部担任日本画科助手。师从前田青邨教授。
1953年	作品《家路》首次入选日本美术院第38回院展。
1955年	被推举为日本美术院院友。
1959年	作品《佛教传来》入选日本美术院第44回院展，被河北伦明高度赞赏。
1961年	作品《入涅槃幻想》在日本美术院第46回院展上获得日本美术院奖（大观奖）。
1962年	作品《受胎灵梦》再次获得日本美术院奖（大观奖）。受到联合国教科文组织赞助赴欧洲留学（1962年10月—1963年5月）
1963年	作品《建立金刚心图》在日本美术院第48回院展上获得奖励奖（白寿奖·G奖）。
1964年	被推举成为日本美术院同人。作品《佛说长阿含经卷五》参加日本美术院第49回院展，获得文部大臣奖。
1966年	参加东京艺术大学第一次近东地区遗迹学术调查团，从事卡帕多西亚的洞窟壁画现状临摹。
1967年	参与法隆寺金堂壁画的再现工作，担任第3号壁绘制

摹写。

1968年　走访阿富汗和中亚的遗迹，开始对丝绸之路的第一次正式取景采风和写生创作，以后每年都踏察丝绸之路，考察总次数超过150次。

1973年　任东京艺术大学教授。5月—6月，参加"亚历山大大帝东征路考古学调查团"（团长江上波夫）。足迹从阿富汗的首都喀布尔到土耳其的伊斯坦布尔，一路走访陆上丝绸之路。7月，作为东京艺术大学意大利初期文艺复兴壁画学术调查团的一员，对亚西西的圣方济各圣殿中的壁画进行临摹。9月，受日本文化厅委托，对高松塚古坟壁画进行了现状临摹。

1974年　作品《古代东方传教者》入藏梵蒂冈美术馆举办的现代宗教美术展览，拜谒罗马教皇保罗六世，获赠圣戈雷戈里奥骑士银勋章。

1975年　第一次访问中国北京、大同、上海、西安。

1976年　在日本6个城市举办"平山郁夫丝绸之路"展览，获得新潮文艺振兴会第8次日本艺术大奖。从12月到1977年4月，先后在德黑兰、巴格达、大马士革、开罗、伊斯坦布尔举办"平山郁夫丝绸之路"展览。

1978年　作品《画禅院青邨先生还净图》获得内阁总理大臣奖。

1979年　3月，在雅典国立近代美术馆举办平山郁夫展；9月在北京举办平山郁夫展，第一次访问敦煌。

1983年　9月，第一次率领东京艺术大学敦煌学术调查团前往敦煌访问，之后到1988年连续三次访问。

1988年　就任东京艺术大学美术学部学部长，12月被任命为联合国教科文组织亲善大使。

1989年　在日本7个城市举办"'丝绸之路的心'平山郁夫展"。11月，作为日本楼兰学术文化访问团团长，访问中国新疆维吾尔自治区的楼兰地区，对遗迹进行了调查记录。12月，就任东京艺术大学第6任校长。

1991年　作为吴哥窟遗迹调查团团长访问柬埔寨，调查吴哥窟遗迹。

1992年　在法国吉美美术馆举办"平山郁夫丝绸之路"展览，获得法国克曼德尔勋章，之后在华盛顿、北京和东京巡回展览。

1993年　11月，获得日本政府颁发的"文化功劳者"勋章。

1994年　在日本21个城市举办"从西向东30万公里——平山郁夫丝绸之路展览"，在14个城市举办"平山郁夫展——探访日本的美"，在6个城市举办"平山郁夫'佛教传来'展"。

1995年　卸任东京艺术大学校长。

1996年　4月，就任日本美术院理事长；就任日本育英会会长。

1998年　11月，荣获日本文化勋章。

1999年　获得法国学士院金石碑文客座荣誉院士。

2000年　12月31日，构想30余年、实际制作20余年的奈良药师寺玄奘三藏院壁画《大唐西域壁画》完成。

2001年　3月，联合世界各国美术馆强烈抗议塔利班破坏巴米扬大佛；紧急创作《缅怀巴米扬大佛》参加日本美术院院展；12月，再次出任东京艺术大学校长。

2002年　9月，荣获中国政府颁发的"文化交流贡献奖"。

2003年　2月—3月，为纪念印度、巴基斯坦和日本建交50周年，举办以"东西文化交流"为主题的平山郁夫版画展。

2004年　1月，获得朝日新闻文化财团颁发的"朝日奖"。7月，财团法人平山郁夫丝绸之路美术馆于山梨县长坂町（现在的北杜市）正式开馆。12月，获得韩国政府颁发的兴仁勋章。

2005年　1月，在日本桥三越新馆举办"平成的洛中洛外——平山郁夫展"。3月，访问巴基斯坦，被巴基斯坦授予"国际文明协调大使"，同时获得"塔克西拉荣誉市民"称号。4月，任东京国立博物馆特聘馆长。12月，从东京艺术大学校长职位退休。

2006年　3月，作为日中友好协会会长访问北京，受到时任国

	家主席胡锦涛的接见。
2007年	3月，在美国加利福尼亚州克拉克财团的日本美术研究所所属的美术馆举办平山郁夫作品展览。9月—12月，在东京国立近代美术馆和广岛县立美术馆举办"平山郁夫——祈祷的旅途"展览。
2008年	4月，在北京中国美术馆举办平山郁夫艺术展览。
2009年	9月，在"再兴第94回院展"上发表了此生最后的作品《文明的十字路口：安那托利亚高原、卡帕多西亚、土耳其》。12月2日，因病去世，享年79岁。

平山郁夫与丝绸之路

从地中海到中国 平山郁夫藏丝路文物

1945年8月6日,一片刺目的白光掠过广岛县,这座城市被投下了一颗原子弹。在距离爆炸中心不远处的一个工厂里,年仅15岁便被强迫参加工作的少年平山郁夫也是核爆的受害者之一。身体健康受到严重损害的平山郁夫一边跟核爆后遗症做抗争,一边攻读东京美术学校(现在的东京艺术大学),并且在毕业后成为一名画家。

29岁那年,平山郁夫以玄奘通过丝绸之路前往印度取经为主题,创作了《佛教传来》,开始在日本画坛崭露头角。1966年,平山郁夫前往土耳其的卡帕多西亚,临摹拜占庭时代的石窟里的残存壁画。这是他生平第一次踏上丝绸之路。

1968年,平山郁夫受托修复因失火烧毁的法隆寺金堂壁画。而巴米扬石窟壁画被认为是法隆寺壁画的源头,为此,他前往阿富汗实地调查。这次阿富汗之行,其实也是一场追随《佛教传来》里的玄奘的足迹之旅。

站在昔日玄奘也曾仰望过的屹立于巴米扬峡谷的东西两座大佛前,平山郁夫不由得心潮澎湃。

"在高38米的佛像天盖(大佛龛)的表面,有出自能工巧匠之手的波斯萨珊王朝风格的太阳神的壁画。这种壁画最早见于西印度的古石窟里。经过不知多少年的岁月,传到了帕米尔

图7-1
平山郁夫考察敦煌1981年

图7-2
平山郁夫在敦煌临摹壁画

图7-1

图7–2

高原,再沿着天山南路传到了克孜尔石窟,又从克孜尔石窟传入敦煌石窟,再经由朝鲜半岛传到了日本的法隆寺。巴米扬峡谷正是文化交流的十字路口。"

后来,平山郁夫又按照《佛教传来》的构图创作了《古代东方传教者》,寄赠梵蒂冈近代美术馆,受到了罗马教皇保罗六世的接见。

在跟教皇交流时,平山郁夫说:"玄奘三藏的世界是我人生的精神支柱,作为画家,我追寻的是日本的美的源头。这个源头不在别处,就在那遥远的敦煌。敦煌是点亮我人生希望的画廊。我在玄奘三藏的引导下,在敦煌的光亮中,踏上了探求神秘的丝绸之路的旅程。《古代东方传教者》所表现的正是这样一种心境。"

为丝绸之路而倾倒的平山郁夫,一生中频频踏访中国及中亚、西亚诸国,一边采访一边创作,旅行达150次以上,并且创作了以《佛教传来》《玄奘三藏之路》《亚历山大之路》为代表的6000多幅丝绸之路系列作品。

平山郁夫的丝绸之路考察与艺术创作

1. 日本画（本画与素描）

19世纪下半叶，油画从西洋传入日本，被称为"洋画"，而日本传统的绘画被叫作"日本画"。

"日本画"使用的是将矿石研磨成粉末，再用胶溶解调和而成的"岩绘具"，在绢或者和纸上作画（又称"岩彩"）。因为要用到天然矿物质等，所以颜料价格昂贵。比如群青色要用到蓝铜矿，绿青色要用到孔雀石，白色则是将贝壳捣碎磨成的胡粉。研磨后的颗粒越大，颜色就越鲜艳，颗粒越小越细腻，颜色就越浅淡。

"本画"指的是用上述的"岩绘具"上色的作品。平山郁夫创作的"本画"浓墨重彩，层层厚涂，有一种独特的美感。"素描"指的是在和纸上先用墨勾线，再用水彩上色的作品。这两种都是日本画的传统手法，但"素描"和"本画"不同，用的是未经防水处理的和纸，一口气在纸上完成勾线，利用墨的渗透来上色。因此，通过"本画"，我们能观察到画家在创作时画笔的每一点变化。

2.（1）《宏大的丝绸之路》系列作品

丝路幻想——平山郁夫

丝绸之路是由一批批无名商人自己走出来的道路，是为了生活不得不去走的路。他们当时穿越炎热的大漠，踏上这漫长

图8-1

图8-2

图8-1
丝绸之路上的商队
东·太阳 2005年

图8-2
朦月夜 蓝色清真寺
伊斯坦布尔

的贸易之旅。恐怕他们当中没有一个人会想到，自己这样做也是在为文化交流做贡献。但就结果而言，是他们为文化构建起一个由西向东，又由东向西的桥梁。他们连死亡的恐惧都能克服，所以国境、语言、人种、民族的差异对于他们来说也不是什么难题。率领驼队的商人和绿洲中的居民彼此依赖，尽管有时会有残暴的盗贼出没，甚至还有大军侵扰，但如果没有这些的话，我相信商人与居民能够构筑真正的友好关系。所谓的和平，正是在这些地方才能得到最好的体现。（摘自平山郁夫著《在灼热的沙路上追溯文化交流的痕迹》，《平山郁夫全集》第5卷，1991年讲谈社出版）

（2）《丝路之旅》

描绘丝绸之路——平山郁夫

大地上的游牧民和动物，尽管也是看惯了的风物，却总能勾起人们的情绪，而我总不免回忆起当年的驼队。骆驼、驴和羊那份怡然自得的表情分外可爱，牧民们也自有一派风情，沿着地平线前行的这一队人马，呈现出的是一种浑然天成的自然的和谐之美。小孩子和小羊羔被放进担子里随着队伍前行，他们在这样的环境中成长，并且这一生都将往来于这数千公里长

图8-3

图8-4

图8-3
平山郁夫在阿富汗街头写生　1973年5月

图8-4
平山郁夫与常书鸿先生在莫高窟　1979年

的沙漠之路上。看到他们我便会产生一种要跟随而去的冲动。

我最初是为了寻求自我而踏上了丝绸之路，然而在路上却遇到了和平这一大课题。我踏上丝绸之路的机会越多，就越发强烈地祈愿世界和平。我认为，古代丝绸之路上的人与人之间的交流，能够为现代世界的和平提供范本。自从萌生了这一想法，每当拿起画笔，我都是满怀着对世界和平的祈愿而进行创作。（摘自平山郁夫著《在灼热的沙路上追溯文化交流的痕迹》，《平山郁夫全集》第5卷，1991年讲谈社出版）

3. 调查旅行　《踏上亚历山大大帝的东征路》

1973年5月初，平山郁夫夫妻和考古学家江上波夫（东京大学名誉教授，曾组织伊朗、伊拉克考察团）及作家井上靖（以丝绸之路为题材著有历史小说《敦煌》《楼兰》等）一起踏上了"亚历山大大帝东征路考古调查之旅"。亚历山大大帝征服波斯帝国后，曾率领大军从中亚一路向东直达印度。此次调查之旅则是由东向西地来回溯这一场壮大的远征。平山郁夫一行从印度进入阿富汗，走陆路跨越伊朗高原，遍访各地的小镇和遗迹，最终抵达土耳其的伊斯坦布尔。全程近1万公里，耗时约50天。他们抵达印度时，传来了平山郁夫岳母离世的噩耗。夫妇二人紧急回日本操办丧事，之后又重返现地与考察团会合。尽管发生了这样的意外，但这场旅途所经历的沙漠、遗迹、风景，以及与各国人的近距离接触，都令平山郁夫获益匪浅。回顾这一切，他感慨道，"不会再有比这更宏大的旅行了。"1976年，平山郁夫在伊朗等中东五国举办了"平山郁夫丝绸之路展"，此后又多次访问阿富汗、叙利亚及巴尔米拉遗迹，并逐渐作为"丝绸之路画家"蜚声海外。

4. 平山郁夫和敦煌

为什么是敦煌——平山郁夫

"平山郁夫对敦煌简直如痴如狂。"人们往往这样评价我。而事实也的确如此。甚至还有人追问这是为什么。作为一名佛教画家，作为一个人，我曾经历经挫折又再次振作，并创作出了以玄奘三藏为主题的《佛教传来》。此后我便追随玄奘的足迹踏遍丝绸之路，想真切地去感受佛教东渐的历程。促使我迈出第一步的，仅仅是作为画家的个人兴趣。但说到为什么对丝绸之路上的敦煌情有独钟，主要是因为敦煌的壁画。

我第一次见到敦煌壁画的临摹，是在1958年的"中国敦煌艺术展"上。从此去敦煌的念头就像一颗种子一样深植于心。伴随着岁月的流逝，这颗种子也在不断地成长发芽。又过了20年，也就是1979年的9月，49岁的我终于实现了去敦煌的梦想。

9月18日，我来到了敦煌。从酒泉出发，整整一天的车

图8-5
平山郁夫在莫高窟第428窟写生　1979年

图8-6
平山郁夫在阿富汗街头写生　1973年

图8-5

图8-6

程。秋日凉风习习，天空一碧如洗。车所过之处掀起滚滚沙尘，完全看不见后方的风景。我就只管盯紧前方。

我在日落之前抵达了敦煌文物研究所，受到了所长常书鸿夫妇和研究员们的热情款待。这是我和常书鸿先生阔别20年后的再次相会，上次见面还是在20年前东京的《中国敦煌艺术展》上。回忆起当时的情景，我们竟都一时说不出话来。我计划在此逗留四天，研究所内为我预备了一个住宿的房间。尽管他们告诉我还不能马上进入莫高窟，但我早已心痒难耐，便拿起速写本来到户外。哪怕只能看到莫高窟的外貌也好，我只想把这一切都画下来。只见夕阳西下，暮色渐袭，一片静寂中只听得见风铃的声响，风裹送着鸣沙山的沙粒，纷纷落在了我的速写本上。常书鸿先生和夫人则一直站在我身后陪伴着我。那一年，常先生已经78岁高龄。

第二天，他们带我走进了莫高窟。在我眼前呈现的简直就是一座文化遗产的宝库。仿佛被电流击中了一般，我在石窟内僵住不动，连声称赞："壮丽啊，实在是太壮丽了！"除此之外我不知道该用什么词语来形容这眼前的景象，只能喃喃地道"谢谢"。我由衷地感谢以常书鸿先生为首的研究所的所有成员对这座宝库的研究与保护，敬畏先人们能留下如此卓绝的艺术作品，并庆幸自己此时此刻能够亲眼目睹这一切。这三种情感交织在一起，让我无比地激动。在莫高窟里，可以尽览到从公元4世纪的北魏到如今的上千年的文化积淀。

在观察壁画时，我尤其注意看勾线，这能让我有一些新的发现。这些名作尽管是描绘在直立的墙面上，但那精致生动的笔触却仿佛是落在纸或画卷上一样。我能真切地体会到绘画者那丰富的情感，他的创作情怀也感染了我。这是我一直追寻的感动的源头，这是一场何其漫长的追寻之旅。我可以断言："敦煌壁画在全世界的艺术品中都是出类拔萃的。"

就像玄奘三藏最终抵达了印度一般，我在敦煌也找到了自己感动的源头。（摘自平山郁夫著《敦煌·历史之旅》，1988年光文社出版）

平山郁夫的敦煌莫高窟之情

平山郁夫晚年曾说起过自己29岁时在青森的八甲田山上看到的幻觉。当时他立于山巅,极目西望,来自海上的风正轻拂着这位年轻人的脸颊。他的眼前竟然出现了一片无垠的沙漠,一位僧人正骑着白马,在"死亡之海"上跋涉,僧人的前行路上出现了一排排犹如蜂房的石窟……平山郁夫认出来了,这个人就是玄奘法师。"是玄奘法师在引导着我,出现在幻觉中的石窟,正是敦煌莫高窟"。

当平山郁夫真正踏上魂牵梦绕的敦煌时,都已经是中日两国缔结和平友好条约的第二年了。

1979年9月18日,经历了漫长的旅行,平山郁夫终于到达了敦煌莫高窟,当时正逢黄昏,习习秋风轻拂过白杨树的枝头,风铃传来清韵。他迫不及待地打开了素描本,开始描绘那曾出现在梦境中的敦煌。

第二天,平山郁夫在敦煌文物研究所所长常书鸿的带领下,参观了莫高窟壁画。他在日记中记录了当时兴奋的心情。

"莫高窟的壁画比我想象的还要美丽,和照片上的完全不同,比照片上的要精美许多。毫无疑问,全世界的美术精品都汇聚于敦煌,超越了时代、国境和不同人种的价值观。就如同玄奘法师在西方取到了佛经一样,我也在敦煌找到了创作激情

图9-1
平山郁夫与常书鸿先生在莫高窟　1979年

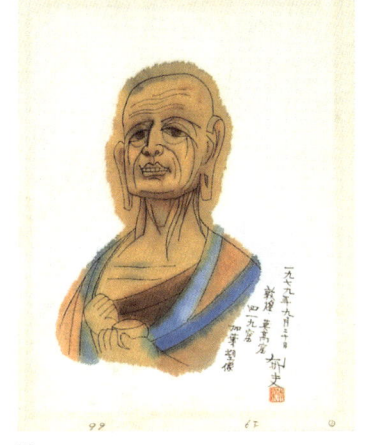

图9-2
迦叶塑像

的源泉。我曾经幻想，日本文化的源头来自那遥远的西天。而今天，我幻梦成真，日本文化的源头就呈现在我的眼前。"（节选自《敦煌·历史之旅》）

也不知道这是第几次访问敦煌了，平山郁夫被带进了第220窟。第220窟有贞观十六年（642年）寄赠的铭文，描绘于唐代初期的壁画也颇有唐代名笔顾恺之那崇高且典雅的风格。《维摩诘经变》图中的胡女们正跟着乐师们演奏的西域曲子翩翩起舞，其历经岁月依旧艳丽的色彩，仿佛是"珠宝盒"一般。事实上，这幅壁画曾经被平凡的宋代千佛壁画所覆盖，直到上层壁画剥离，这被封存了一千多年的唐代杰作才赫然重晖。不得不说，这真是一个奇迹般的壁画窟。

平山郁夫显然也为第220窟的壁画所震惊。"眼前的这释迦三尊像的阿弥陀佛、观音、大势至菩萨和法隆寺六号、三号和四号壁上的色彩、描线、形态、样式相类似。我追寻佛教传来的足迹追寻了30余年，终于找到了法隆寺壁画的源头。这个源头就在我的眼前，这太令我激动了。我一边画着素描一边思考眼前的壁画同法隆寺壁画的关系。日本的遣唐使们来到大唐之都长安时，一定也有画师同行，学习如何创作法隆寺的金堂壁画。他们在长安画坊里研究过的草图，有的传到了西面的敦煌，有的传到了东面的奈良。无论是在年代还是历史记录上，乃至造型原理上，第220窟的壁画都跟法隆寺壁画最为一致。"（节选自《精选敦煌石窟》，《银花》季刊127号）

在第220窟的出口上方，平山郁夫又惊叹于东壁上的壁画。"无论是指尖的描绘、衣服的花纹还是璎珞的颜色和形状，都比法隆寺的壁画略小，但完全可以看出是基于同一个原型创作的。我抑制不住自己的兴奋，一边用颤抖的手画素描一边对着壁画自言自语……"（节选自《精选敦煌石窟》，《银花》季刊127号）

敦煌不仅是日本文化的源头，更是日本画家平山郁夫创作激情的源泉。平山郁夫视保护敦煌为己命，不惜投入个人财产，创立"文化遗产保护振兴财团"，并且为募集资金在日本举办个展，将2亿日元的个展所得都捐赠给了敦煌保护事业。他还呼吁日本政府为保护敦煌提

图9-3

图9-4

供资金援助，大力促成时任日本首相的竹下登于1988年访问敦煌，同意由日本政府出资建设"敦煌石窟文物保护研究陈列中心"。

"每当我在旅途中感到疲惫，就会听到一个声音在召唤我的使命，那是玄奘法师的声音，这让我立即想到了正面临风化的敦煌。我决心效仿玄奘，竭尽全力保护敦煌，哪怕倾家荡产也在所不惜。"（节选自《敦煌·历史之旅》）

1994年8月21日，"敦煌石窟文物保护研究陈列中心"落成典礼隆重举行。出席剪彩的日方代表有前首相竹下登、平山郁夫，中方代表有时任中共中央政治局委员李铁映、时任甘肃省省长张吾乐等。"敦煌石窟文物保护研究陈列中心"是日本政府向中国提供的第一个无偿援助项目。

平山郁夫作为东京艺术大学校长，还为敦煌研究院的年轻的研究人员和艺术家们提供了到东京艺术大学留学的机会，大力培养他们。由平山郁夫发起的东京艺术大学和敦煌研究院的人才交流与合作研究项目一直持续到今天。

为了感谢平山郁夫为保护敦煌文化遗产以及培养研究人员所做出的巨大贡献，敦煌研究院在莫高窟的入口处树立了一块纪念碑。

图9-3
平山郁夫夫妇考察莫高窟
1988年9月

图9-4
平山郁夫出席敦煌石窟文物保护研究陈列中心典礼
1994年

阿富汗流失文物的保护之路

1979年，苏联侵略阿富汗，自此，阿富汗就成了炮火纷飞的战场，即便是在苏联军队撤退后，当地也持续内战，陷入一片混乱。塔利班趁机扩张势力，于1996年占领首都喀布尔，建立了塔利班政权。其精神领袖奥马尔禁止偶像崇拜，并于2001年2月26日公开宣布，将破坏包括巴米扬大佛在内的阿富汗境内的所有佛教遗迹。

这一事件很快引起了国际社会的极大关注。联合国教科文组织亲善大使、日本著名画家平山郁夫与大英博物馆馆长、法国的吉美国立亚洲艺术博物馆馆长发表联合声明，并在记者会上表示，将为阻止这一破坏行为发起签名活动，同时还将筹款拯救阿富汗的文化遗产。

然而，就在2001年3月9日至11日，塔利班还是炸毁了巴米扬的东西两座大佛，震惊了全球。同年4月，平山郁夫发表紧急倡言，呼吁应尽快拯救喀布尔国立博物馆里的那些濒临毁坏和被盗窃的藏品。日本的联合国教科文组织国内委员会也认为日本应该发挥带头作用，号召全球其他国家积极加入。"保护流失文物日本委员会"就是在这样的背景下诞生的。

平山郁夫常年致力于保护丝绸之路周边国家的文化遗产，在就任联合国教科文组织亲善大使后，还提出了将人类保存至今的文化遗产传给后世子孙的"文物红十字会"设想。平山郁夫夫妇自1968年以来，多次访问阿富汗，足迹遍布以巴米扬遗迹为首的阿富汗各地，并且随走随画。平山郁夫就这样从一个热爱阿富文化遗迹的画家，逐渐成为阿富汗流失文物保护之路上的领头人。

平山郁夫说："阿富汗可以说是佛教文化传入日本的源头。保护阿富汗文化遗产对于我们日本人来说也意义重大。我们希望能像接收难民一样来拯救这批外流的阿富汗文物。外流的阿富汗文物，就相当于非法出境的外国难民。作为联合国教科文组织亲善大使，我决心把这批文物当作'文物难民'来保

图10-1
2002年8月平山郁夫夫妇在被炸毁的西大佛佛龛前

图10-1

护。"

在塔利班政权倒台后的2002年5月,平山郁夫降落在满是战斗机残骸的喀布尔机场。他是来出席由联合国教科文组织和阿富汗政府主办的"阿富汗文化遗产复兴国际会议"的。参加该会议的还有联合国教科文组织的工作人员、考古学家、文化遗产保护专家等约40人。

平山郁夫一行在喀布尔国立博物馆目睹了战争留下的惨烈创伤。博物馆正面玄关处的迦腻色伽王的立像碎了一地。那些碎片和一些佛像的碎片都被装进木箱保存。那个木箱就仿佛是这些文物的棺材一样。平山郁夫和考古学家们面对眼前的惨状都黯然泪下。

所幸被博物馆工作人员秘密转移到信息文化部仓库的那部分藏品得到了保全,包括卡库拉库壁画、塔佩修托尔王侯王妃像等。马思迪馆长每取出一件劫后余生的文物,大家就会不由自主地发出一声长叹。

马思迪馆长对大家说:"喀布尔国立博物馆的藏品有三成都被毁坏、盗窃和流失。然而,我们在这场悲剧中成功地保护了七成的藏品。"

此次会议在可以将喀布尔的风景尽收眼底的洲际酒店举行。平山郁夫在会上做了如下发言:"在过去的二十年间,战乱导致阿富汗的很多文物外流,即便是今天也存在着掠夺文

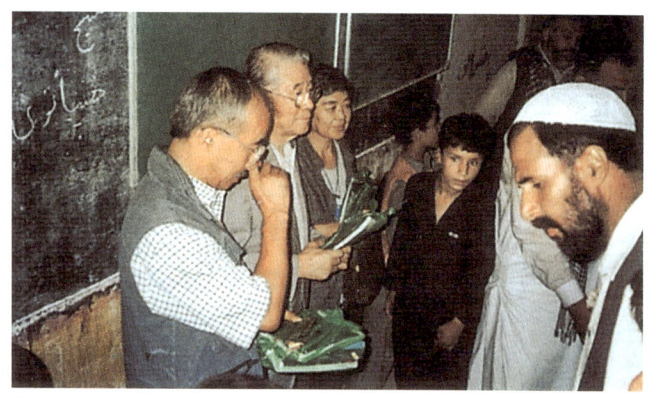

图10-2

图10-3

物的行为。这种掠夺行为必须得到阻止。但我也意识到,造成这种掠夺的与其说是贪婪,更主要的还是贫穷。保护文物的前提,是让阿富汗民众拥有安定的生活。"

此次在阿富汗的经历,让平山郁夫更加热忱地投身于文物保护工作,在巴米扬大佛被破坏后的2001年至2002年期间,平山郁夫利用捐款开展"文物难民"紧急保护工作,有102件流失海外的阿富汗文物得以保全。其中包括《宙斯神像的左脚》《摩诃迦叶兄弟的佛礼拜图》等喀布尔国立博物馆(现在的阿富汗国立博物馆)的国宝级文物。

这批"文化难民",在2016年4月东京国立博物馆和东京艺术大学美术馆举办的"阿富汗特别展览"上展出后,于同年8月回到了故乡阿富汗,并且在阿富汗国立博物馆举办的"阿富汗流失文物归国展"上得以与祖国的人们"团聚"。为感谢已故的平山郁夫为保护流失文物所做出的巨大贡献,阿富汗政府在展会期间,授予他"贾迈勒丁·阿富汗尼勋章",即阿富汗文化勋章。

图10-2
平山郁夫夫妇在阿富汗向小学校捐赠物资

图10-3
平山郁夫出席联合国教科文组织在喀布尔召开的文化复兴会议

图版索引

环地中海地区（26~69）

两河流域、伊朗、阿富汗地区（72~139）

巴基斯坦、印度地区、丝绸之路货币（142~274）

平山郁夫　敦煌写生（278~285）

环地中海地区（26~69）

图	说明	图	说明
	黑彩陶器（26页） 希腊 公元前6世纪下半叶		男性头像 石灰岩（40页） 叙利亚帕尔米拉 公元2世纪—3世纪
	混酒器（28页） 希腊雅典 前6世纪末		女性头像 玄武岩（42页） 叙利亚波斯拉 公元2世纪—3世纪
	牛头形红彩陶酒壶（30页） 南意大利 公元前4世纪		首饰 玻璃（44页） 东地中海地区-西亚 公元1世纪—3世纪
	女性陶像（32页） 叙利亚 公元前2000年		首饰 玻璃（45页） 腓尼基 公元前1世纪—公元1世纪
	女性陶像（34页） 叙利亚 公元前2000年		首饰 玻璃（46页） 东地中海地区-西亚 公元前3世纪—公元3世纪
	死者肖像 石灰岩（35页） 叙利亚帕尔米拉 公元2世纪—3世纪	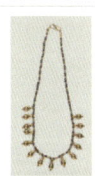	首饰 玻璃 石 金（47页） 东地中海地区 公元前300年左右
	女神像（36页） 南意大利 公元前7世纪—前6世纪		金耳饰（48页） 叙利亚 公元前2000年
	黏土神像（37页） 叙利亚 公元前7世纪		金耳饰（49页） 叙利亚 公元前2000年
	众神浮雕 大理石（38页） 东地中海地区 公元前3世纪—前2世纪		人物像注口陶器（50页） 叙利亚 公元前1800年左右

骑豹的丘比特
（52页）
地中海
公元1世纪—2世纪

大理石纹长颈玻璃瓶（62页）
东地中海地区
公元1世纪

香油瓶（53页）
希腊雅典
公元前470年左右

双柄玻璃小壶（64页）
东地中海地区
公元1世纪—2世纪

香油瓶与金底座 玻璃 金（54页）
东地中海地区
公元前4世纪—前3世纪

双耳瓶（65页）
地中海周边地区
公元前1世纪—公元2世纪

带鋬杯（55页）
地中海东岸
公元前1世纪—公元1世纪

玻璃水壶（66页）
东地中海地区
公元3世纪—4世纪

单耳几何纹蚕茧壶（56页）
塞浦路斯
公元前8世纪

玻璃水壶（67页）
东地中海地区
公元3世纪—5世纪

角斗士纹样油灯（58页）
地中海周边、北非
公元1世纪—3世纪

纽装饰玻璃瓶（68页）
东地中海地区
公元4世纪—5世纪

丘比特纹样油灯（59页）
地中海周边、北非
公元1世纪—2世纪

吊提梁玻璃瓶（69页）
东地中海地区
公元4世纪—5世纪

玻璃钵（60页）
东地中海地区
公元前2世纪—公元1世纪

石制圆筒印章英雄战争图（72页）
美索不达米亚
公元前2200年左右

玻璃杯（61页）
东地中海地区
公元前1世纪—公元1世纪

彩陶人物头像（74页）
美索不达米亚
公元前14世纪—前12世纪

图版索引 两河流域、伊朗、阿富汗地区（72～139）

307

	玻璃圆形吊坠 （75页） 北美索不达米亚 公元前14世纪—前13世纪		水牛形陶器（来通） （86页） 伊朗西北部 公元前1000年下半叶
	首饰　玻璃 （76页） 北美索不达米亚 公元前14世纪		牛形陶器（来通） （88页） 伊朗西北部 公元前10世纪—前8世纪
	首饰　玻璃　金 （77页） 北美索不达米亚 公元前14世纪		人物像注口陶器 （90页） 伊朗西北部 公元前900—前800年
	首饰　玻璃 （78页） 北美索不达米亚 公元前14世纪		施釉瓦（92页） 美索不达米亚 公元前9世纪左右
	银制动物装饰手镯 （79页） 伊朗 公元前9世纪—前7世纪		青釉扁壶（94页） 伊朗西南部 公元1世纪—2世纪
	动物装饰金属手镯 （80页） 伊朗 公元前6世纪—前4世纪		青釉双把手壶 （95页） 伊朗西南部 公元1世纪—3世纪
	动物装饰青铜手镯 （81页） 伊朗 公元前6世纪—前4世纪		青釉双把手壶 （96页） 伊朗西部 公元2世纪
	牛形陶器（82页） 伊朗西北部 公元前12世纪—前9世纪		青釉多连壶 （97页） 伊朗西南部 公元1世纪—3世纪
	牛形陶器（84页） 伊朗西北部 公元前1200年—前800年		突起装饰玻璃碗 （98页） 伊朗 公元7世纪—8世纪

	圆形玻璃切子碗（99页） 伊朗 公元5世纪—7世纪		银制壶（109页） 伊朗 公元前7世纪—前6世纪
	玻璃壶（100页） 伊朗 公元6世纪—7世纪		狮子装饰杯（110页） 伊朗 公元前7世纪—前6世纪
	动物纹奉献金板（101页） 伊朗 公元前8世纪—前7世纪		青铜带柄香炉（111页） 伊朗 公元前2世纪—公元2世纪
	神像纹奉献银板（102页） 伊朗 公元元年前后		天马形来通杯（112页） 伊朗 公元前4世纪左右
	有翼人面兽身像镜板笤（103页） 伊朗 公元前1000年上半叶		马形来通杯（113页） 伊朗西北部 公元前3世纪—公元2世纪
	花瓣纹盘（104页） 银 伊朗 公元前7世纪—前6世纪		绿釉人面双柄来通杯（114页） 美索不达米亚 公元2世纪—3世纪
	花瓣纹盘（105页） 银 伊朗 公元前7世纪—前6世纪		陶制动物形来通杯（115页） 伊朗西北部 公元前1世纪—公元2世纪
	双牛青铜像（106页） 伊朗 公元前1000年		猪头纹镀金杯（116页） 伊朗萨珊朝 公元5世纪—7世纪
	有铭文的银制壶（108页） 伊朗 公元前10世纪—前8世纪		鹿纹银杯（117页） 伊朗 公元前2世纪—公元3世纪

	鸟纹舟形镀金杯（118页）伊朗萨珊朝 公元5世纪—7世纪		狩猎纹银碗（128页）阿富汗 公元前2000—前1800年
	孔雀纹舟形镀金杯（119页）伊朗萨珊朝 公元7世纪—8世纪		婚礼图彩纹陶器（130页）阿富汗北部 公元6世纪—7世纪
	帝王驼鸟狩猎纹银盘（120页）伊朗萨珊朝 公元6世纪—7世纪		野猪头联珠纹陶器（131页）阿富汗北部 公元6世纪—7世纪
	帝王狩猎熊纹银盘（121页）伊朗萨珊朝 公元6世纪—7世纪		联珠纹陶盘（132页）阿富汗北部 公元8世纪上半叶
	鸟纹浮雕杯（122页）伊朗萨珊朝 公元6世纪—7世纪		羚羊联珠纹陶器（133页）阿富汗北部 公元8世纪
	腰带（123页）土耳其 公元前9世纪—前7世纪		人物形头部彩纹陶器（134页）阿富汗北部 公元8世纪上半叶
	银制高脚杯（124页）伊朗 公元7世纪—8世纪		羊形陶器（135页）阿富汗北部 公元8世纪上半叶
	女神石坐像（126页）阿富汗 公元前1900年左右		羊形陶器（136页）阿富汗北部 公元6世纪—7世纪
	金王冠（127页）阿富汗 公元前2世纪—公元2世纪		彩纹人物形陶器（137页）阿富汗北部 公元8世纪

图版索引

巴基斯坦、印度地区、丝绸之路货币（142～274）

金别针（138页）
阿富汗
公元前2世纪

手镯（149页）
犍陀罗
公元2世纪—3世纪

手镯（139页）
阿富汗
公元前7世纪—5世纪

祭具铜香薰炉（150页）
犍陀罗
公元1世纪

手柄青铜水壶（142页）
犍陀罗
公元前2世纪

贵霜王侯像铜扣（151页）
犍陀罗
公元2世纪下半叶

高脚银杯（143页）
犍陀罗
公元前1世纪—公元1世纪

石制黛砚（掠夺欧罗巴）（152页）
犍陀罗
公元前2世纪—公元1世纪

首饰（144页）
犍陀罗
公元1世纪

石制黛砚（男女飨宴）（153页）
犍陀罗
公元前2世纪—公元1世纪

金垂饰（145页）
犍陀罗
公元1世纪—3世纪

石制黛砚（男女飨宴）（154页）
犍陀罗
公元前2世纪—公元1世纪

金耳饰（146页）
犍陀罗
公元1世纪—3世纪

石制黛砚（骑马人物）（155页）
犍陀罗
公元前2世纪—公元1世纪

金耳饰（147页）
犍陀罗
公元1世纪—3世纪

舍利容器与供养品（156页）
犍陀罗
公元1世纪初

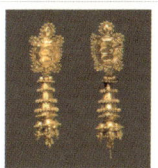
金耳饰（148页）
犍陀罗
公元1世纪—3世纪

佛塔形玻璃舍利容器（157页）
犍陀罗
公元2世纪—4世纪

	片岩佛塔（158页） 犍陀罗 公元2世纪—4世纪		菩萨立像（174页） 犍陀罗 公元2世纪—3世纪
	焰肩佛坐像 （159页） 阿富汗迦毕试 公元2世纪—3世纪		弥勒菩萨立像 （176页） 犍陀罗 公元2世纪—3世纪
	菩萨交脚坐像 （160页） 阿富汗迦毕试 公元2世纪—3世纪		佛陀坐像（178页） 犍陀罗 公元2世纪—3世纪
	焰肩佛坐像 （162页） 阿富汗迦毕试 公元2世纪—3世纪		灰泥佛陀坐像 （180页） 犍陀罗 公元3世纪—4世纪
	佛陀立像（164页） 犍陀罗 公元2世纪—3世纪		观音菩萨半跏思惟像（182页） 犍陀罗 公元2世纪—3世纪
	佛陀立像（166页） 犍陀罗 公元2世纪—3世纪		弥勒菩萨说法图 （184页） 犍陀罗 公元1世纪—3世纪
	佛陀立像（168页） 犍陀罗 公元2世纪—3世纪		弥勒菩萨交脚坐像 （186页） 犍陀罗 公元2世纪—3世纪
	佛陀铜立像 （170页） 犍陀罗 公元5世纪—6世纪		菩萨坐像（188页） 犍陀罗 公元4世纪—6世纪
	佛陀铜立像 （172页） 巴基斯坦 公元7世纪		观音菩萨半跏思惟像（190页） 犍陀罗 公元4世纪—5世纪

	树下冥想太子头像（192页） 犍陀罗 公元2世纪—3世纪		燃灯佛授记　本生故事浮雕（201页） 犍陀罗 公元2世纪—3世纪
	佛陀头像（193页） 犍陀罗 公元2世纪—3世纪		佛传浮雕（诞生）（202页） 犍陀罗 公元2世纪—3世纪
	佛陀头像　灰泥（194页） 犍陀罗 公元3世纪—4世纪		佛传浮雕（托胎灵梦·占梦·归乡·诞生）（204页） 犍陀罗 公元2世纪—3世纪
	佛陀头像　灰泥（195页） 犍陀罗 公元3世纪—4世纪		佛传浮雕（诞生·出城·成道·初转法轮）（206页） 犍陀罗 公元1世纪—3世纪
	佛陀头像　灰泥（196页） 犍陀罗 公元5世纪—6世纪		佛传浮雕（学习）（209页） 犍陀罗 公元2世纪—3世纪
	佛陀头像　灰泥（197页） 犍陀罗 公元3世纪—5世纪		佛传浮雕（婚礼）（210页） 犍陀罗 公元2世纪—3世纪
	菩萨头像（198页） 犍陀罗 公元3世纪—4世纪		佛传浮雕（出城）（212页） 犍陀罗 公元2世纪—4世纪
	佛陀头像　灰泥（199页） 犍陀罗 公元4世纪—5世纪		祠堂形佛传浮雕（降魔成道与四天王奉钵）（214页） 犍陀罗 公元3世纪—4世纪
	菩萨头像（200页） 犍陀罗 公元3世纪—4世纪		佛传浮雕（菩提座）（216页） 犍陀罗 公元2世纪—3世纪

	佛传浮雕（四天王奉钵）（218页） 犍陀罗 公元2世纪—3世纪		鬼子母神（236页） 犍陀罗 公元2世纪—3世纪
	佛传浮雕（初转法轮）（220页） 犍陀罗 公元2世纪—3世纪		鬼子母与般阇迦石雕（238页） 犍陀罗 公元2世纪—4世纪
	佛传浮雕（涅槃）（222页） 犍陀罗 公元2世纪—3世纪		骑马狩猎图浮雕（240页） 犍陀罗 公元2世纪—4世纪
	佛传浮雕（纳棺）（224页） 犍陀罗 公元2世纪—3世纪		通往净土的旅程浮雕（242页） 犍陀罗 公元2世纪—4世纪
	佛传浮雕（搬运佛舍利）（226页） 犍陀罗 公元2世纪—4世纪		执金刚神（赫拉克勒斯）头像（243页） 犍陀罗 公元3世纪—4世纪
	奏鲁特琴的海神特里同浮雕（228页） 犍陀罗 公元1世纪—3世纪		王侯供养者胸像（244页） 犍陀罗 公元3世纪—4世纪
	阿特拉斯像石雕（230页） 犍陀罗 公元2世纪—3世纪		石狮（245页） 犍陀罗 公元2世纪—3世纪
	吹奏双笛的海神特里同浮雕（232页） 犍陀罗 公元1世纪—3世纪		女性供养者头像（246页） 犍陀罗 公元2世纪—3世纪
	婆罗门像浮雕（234页） 犍陀罗 公元2世纪—3世纪		供养者胸像（247页） 犍陀罗 公元2世纪—4世纪

	伊朗系王侯供养人（248页） 犍陀罗 公元2世纪—3世纪		女神像（260页） 阿富汗 公元6世纪—7世纪
	老人供养者头像（249页） 犍陀罗 公元3世纪—4世纪		女神像（262页） 阿富汗 公元6世纪—7世纪
	王侯供养者头像（250页） 犍陀罗 公元4世纪—5世纪		亚历山大三世像银币（264页） 东地中海地区 公元前336—前323年
	童子供养者头像（251页） 犍陀罗 公元4世纪—5世纪		帕提亚帝国米特里达梯一世像银币（265页） 伊朗 公元前171—前138年
	菩萨头像（252页） 印度马土拉 公元2世纪—3世纪		帕提亚帝国弗拉特斯四世像银币（266页） 伊朗 公元前37—前2年
	佛塔浮雕（253页） 印度阿马拉瓦蒂 公元2世纪—3世纪		国王·波塞冬像银币（267页） 巴克特里亚 公元前185—前170年
	双瘤牛联珠纹锦（254页） 中亚 公元8世纪—9世纪		欧克拉提德一世像银币（268页） 巴克特里亚 公元前171—前156年
	黄地天马纹纬锦（256页） 中亚 公元8世纪—9世纪		国王骑马像银币（269页） 犍陀罗 公元前1世纪中叶
	绿地圣树双鹿纹纬锦（258页） 中亚 公元8世纪—9世纪		国王·风神像金币（270页） 犍陀罗 公元1世纪—2世纪

平山郁夫　敦煌写生（278~285）

	迦腻色伽一世像金币（271页）犍陀罗 公元2世纪		敦煌莫高窟（283页）1994年
	萨珊波斯沙普尔一世像银币（272页）伊朗 公元241—272年		三藏法师玄奘的道路（284页）1979年
	萨珊波斯阿尔达希尔三世像银币（273页）伊朗 公元628—630年		三藏法师玄奘的道路（285页）阿富汗 1968年
	雅典娜头像银币（274页）希腊雅典 公元前449—前413年		
	持莲华菩萨（278页）敦煌莫高窟第260窟 北魏 1979年		
	迦叶塑像（279页）敦煌莫高窟第419窟 隋代 1979年		
	释迦涅槃像（280页）敦煌莫高窟第158窟 中唐 1979年		
	菩萨像（281页）敦煌莫高窟第57窟 初唐 1999年		
	敦煌莫高窟（282页）1991年		

后记

在这"清凉夏雨洗梅枝"的夏至时节,"从地中海到中国——平山郁夫藏丝路文物展"如期和大家见面了。展览共展出平山郁夫先生收藏的184件(套)珍贵文物和8幅平山郁夫先生的写生作品。平山郁夫丝绸之路美术馆的文物藏品是平山郁夫和平山美知子夫妇花费40年时间收集的丝绸之路文物,藏品来自西起罗马、东至日本,横跨欧洲、西亚、中亚和东亚等37个国家和地区,共有从古代到现代的绘画、雕刻、工艺品等文物9000多件。

衷心感谢中国人民对外友好协会、中国文物交流中心、辽宁省文物局、辽宁省文化演艺集团(辽宁省公共文化服务中心)、平山郁夫丝绸之路美术馆对本展览的大力支持;感谢日本驻中国大使馆的大力支持;感谢平山郁夫丝绸之路美术馆平山美知子先生、理事长平山廉先生对展览的大力支持;感谢展览合作方平山郁夫丝绸之路美术馆平山东子女士、前田龙彦先生,株式会社黄山美术社陈建中先生、洞富美男先生、姚岚女士为展览所做的工作;衷心感谢敦煌博物馆、国家博物馆、陕西历史博物馆对展览的支持;感谢辽宁美术出版社为本书出版提供的帮助;衷心感谢所有为展览举办和本书出版做出贡献的人士。

向"当代唐玄奘"平山郁夫先生致以崇高的敬意!

编　者

2019年6月

图书在版编目（CIP）数据

从地中海到中国：平山郁夫藏丝路文物 / 吴炎亮，（日）平山美知子主编；辽宁省博物馆编. —沈阳：辽宁美术出版社，2019.6
ISBN 978-7-5314-8361-8

Ⅰ. ①从… Ⅱ. ①吴… ②平… ③辽… Ⅲ. ①文物-世界-图集 Ⅳ. ①K86-64

中国版本图书馆CIP数据核字（2019）第108174号

出 版 者：	辽宁美术出版社
地　　址：	沈阳市和平区民族北街29号　邮编：110001
发　　行：	辽宁美术出版社
经　　销：	全国新华书店
印 刷 者：	辽宁一诺广告印务有限公司
开　　本：	889mm×1194mm　1/16
印　　张：	20.25
字　　数：	300千字
出版时间：	2019年6月第1版
印刷时间：	2019年6月第1次印刷
责任编辑：	时祥选
装帧设计：	彭伟哲
特约编辑：	张　畅
责任校对：	郝　刚
ISBN 978-7-5314-8361-8
定　　价：	360.00元

邮购部电话：024-83833008
E-mail：lnmscbs@163.com
http://www.lnmscbs.cn
图书如有印装质量问题请与出版部联系调换
出版部电话：024-23835227
版权所有　侵权必究